ANTÓNIO SARDINHA

-

MONARQUIA E NACIONALISMO

por

Ruy Miguel

CONTRA-CORRENTE
Lisboa, 2013

Título: *António Sardinha – Monarquia e Nacionalismo*
Autor: Ruy Miguel

Esta Edição:
© 2013, Ruy Miguel
© 2013, Contra-Corrente

   Todos os direitos para a publicação desta obra em língua portuguesa reservados por Contra-Corrente.

   Esta edição NÃO SEGUE a grafia do Novo Acordo Ortográfico da Língua Portuguesa.

Revisão: Rui Amiguinho
Capa: Nelson Fonseca
Paginação: Rui Amiguinho
Impressão: Publidisa (UE) e CreateSpace (EUA)

   Produzido e Impresso nos EUA e na União Europeia
   Printed in the United States of America and in the European Union

ISBN: 978-989-97773-7-8
Depósito Legal:

   Esta obra não pode ser reproduzida ou transmitida por qualquer processo, exceptuando excertos para divulgação ou crítica literária. Reservados todos os direitos de acordo com a legislação em vigor.

Distribuição:

IAEG
Instituto de Altos Estudos em Geopolítica & Ciências Auxiliares
http://iaeg.blogspot.pt

Para obter informação acerca dos preços de compra por atacado
e consignações, é favor contactar
distronr@gmail.com

ANTÓNIO SARDINHA

-

MONARQUIA E NACIONALISMO

por

Ruy Miguel

CONTRA-CORRENTE
Lisboa, 2013

ÍNDICE

MONARQUIA, NACIONALISMO
E TRADICIONALISMO 7

INTRODUÇÃO 9

QUEM FOI ANTÓNIO SARDINHA 12

AO PRINCÍPIO ERA O VERBO 13

PÁTRIA E REALEZA 19

MONARQUIA E REPÚBLICA 30

DOIS PAÍSES – UMA OBRA COMUM 39

PATRIMÓNIO DO PASSADO 48

GRANDES FIGURAS DA LITERATURA PORTUGUESA ...51

AO RITMO DA AMPULHETA 101

O OITAVO SACRAMENTO 107

DEPOIS DO DILÚVIO 113

PÁTRIA E MONARQUIA 119

A FAMÍLIA – CÉLULA 125
FUNDAMENTAL DA SOCIEDADE 125

ELOGIO DE EL-REI D. CARLOS 131

A CARTA CONSTITUCIONAL 139

ANTÓNIO SARDINHA VISTO POR
RODRIGUES CAVALHEIRO 143

MONARQUIA, NACIONALISMO E TRADICIONALISMO

Antes de convidar o leitor a entregar-se à leitura deste livro, não consigo fugir à tentação de destacar palavras que vão estar presentes ao longo das suas páginas: monarquia, nacionalismo e tradicionalismo.

No decorrer dos últimos anos duas delas têm registado uma assídua presença em comentários e entrevistas quer nas páginas de jornais, revistas e livros, como na rádio e na televisão. Trazidas por discussões e análises de carácter histórico ou político, a sua presença tem-lhes dado actualidade e maior projecção.

Monarquia e nacionalismo têm quase nove séculos de existência, "nasceram" estreitamente ligadas à determinação do Fundador e os seus herdeiros deram-lhes continuidade (o tradicionalismo) fortalecendo-as e tornando-as uma herança nacional.

Elas foram razão de muitas batalhas e representam o sacrifício de milhões de vidas imoladas para a sua sobrevivência. São fronteiras espirituais duma Nação que ninguém conseguiu subjugar por muito tempo.

Foram durante cinco séculos a base de um Império, de características tão particulares que nenhum outro o conseguiu igualar ou ultrapassar e se estendeu aos quatro cantos do Mundo.

São ambas uma força adormecida mas não esquecida e, daí, talvez a justificação da frequência com que são citadas, neste Portugal do Século XXI.

António Sardinha é na verdade uma lição intemporal para quantos se consideram monárquicos e nacionalistas mas, sem o entendimento perfeito do que é o nacionalismo são, por vezes, arrastados para comportamentos que chegam a ser irresponsáveis e nada têm de nacionalistas.

Todos quantos veneram e defendem o nazismo ou o fascismo

– dois nacionalismos militaristas negativos - têm que compreender que, nenhum deles tem alguma coisa a ver com o nosso nacionalismo, quer nos fundamentos como na prática. O nacionalismo não deve ter como finalidade qualquer tipo de conflito mas apenas a obrigação de salvaguardar a integridade nacional se esta for ameaçada. Um qualquer nacionalismo importado não servirá nunca o ideal do nacionalismo português.

INTRODUÇÃO

A interrogação que se me coloca é esta: serão a monarquia e o nacionalismo viáveis em todos os países europeus, em particular nos que integram a União Europeia, no Século XXI? A resposta não é fácil.

Sem recuar a 1820 e à ideia de Liberdade, instaurada pelo liberalismo, basta-nos voltar ao século passado e à criação da União Europeia, apoiada na expansão da chamada Democracia. Desde logo que a Europa, embora ainda apenas uma união de nações independentes, se levantou contra a ideia e consciência dos nacionalismos, caminhando para uma federação de estados, dependentes de uma direcção e comando supra-nacional. Poderá mesmo pôr-se a ideia final de um Estado Europa, constituído por uma série de estados ou províncias, com uma única Constituição, Bandeira e Hino, com uma Presidência e Governo únicos, tal como já tem uma moeda comum. Sem fronteiras formais senão para o espaço exterior à União, os nacionalismos esvair-se-iam, como já caíram no foro autárquico com a abertura à participação dos ainda emigrantes mas já suficientemente integrados nas sociedades dos países onde vivem.

É evidente que as nações que formam a União não só ainda não perderam total independência como os nacionalismos ainda estão para durar, amparados, mais do que nas línguas, nas suas tradições e nas suas Histórias.

Um dos obstáculos que nos parece mais difícil de derrubar é a actualidade das Monarquias que, embora despojadas do passado absolutismo, continuam a ter uma aceitação popular muito grande e são uma escora forte dos seus nacionalismos.

Poderá argumentar-se que nada é impossível. Não será, mas é muito difícil. A grande força do nacionalismo é o Tradicionalismo – defendido por António Sardinha e este, cremos, só pela força será possível alterar. E o uso da força está banido – até onde? - da UE.

Não estamos a ver uma Alemanha, uma França ou uma Itália, abdicarem do seu actual poder e aceitarem ser medidas pela mesma bitola com outros pequenos Estados. Dificilmente os seus nacionais o aceitarão e não vemos outra forma de união ser capaz de sobreviver em regimes democráticos. Todos os países europeus têm as suas figuras históricas, defensoras da sua autonomia nacional e, quase todas, senão todas elas consideradas heróis nacionais. É a realidade, por mais que se queira esquecê-lo, mesmo deixando de fora aqueles que se impuseram como ditadores, com excepção de Napoleão que continua a ser um dos maiores vultos da história de França.

Não deixa de ser uma realidade que, com maior ou menor distanciamento, todos os países europeus têm, nas suas Histórias, um passado monárquico.

*

Em Portugal, entre os defensores do nacionalismo, no século passado, avulta a figura de António Sardinha. Poeta e escritor, a sua obra é toda ela dedicada aos valores da monarquia e do nacionalismo, que o mesmo é dizer-se à perpetuidade de Portugal como nação independente, valorizando as suas raízes monárquicas. Sardinha foi, sem margem para dúvidas, um indefectível monárquico defensor do Tradicionalismo.

Embora o seu nome não possa ser apagado está, diremos, convenientemente esquecido. E é mau que assim seja porque nada nos diz que, António Sardinha não fosse um apologista da liberdade. Mais difícil nos parece poder concluir se ele, hoje, seria ou não um apoiante, sem reservas, da União Europeia nos moldes em que esta se processa.

Tal como escrevemos a propósito dos textos em prosa de Fernando Pessoa[1] os de António Sardinha revestem-se, por vezes, de uma actualidade crítica surpreendente. As suas palavras, escritas há mais de oito décadas, parecem-nos ser de hoje.

---

[1] "Fernando Pessoa o antidemocrata pagão" 1999 – Ed. Nova Arrancada

Envolve-as um certo sabor profético como se ele, mais do que debater o passado e a actualidade do seu tempo, estivesse a escrever para um visionado futuro.

Sentimos que, a coincidência de palavras, ideias e juízos críticos são, porventura, mais do que um acaso: são como que uma antevisão de um futuro distante, que se abria aos seus olhos e sentidos, baseando-se no conhecimento do passado.

Parece-nos ser, pois, de inteira justiça, recordar as suas opiniões num tempo em que o nacionalismo ainda não está definitivamente apagado e o termo monarquia volta a ser utilizado com inegável frequência. Parece-nos ser o ressurgimento do Tradicionalismo.

Ao seleccionar os textos de António Sardinha que dão corpo a este livro, fiquei sem dúvidas de que ele foi, pela projecção da sua obra, um historiador de vulto e um notável pensador, apoiado numa cultura sólida.

Mas deixamos ao leitor com a sua análise, a última opinião, a sua, aquela que a verdadeira liberdade permite.

QUEM FOI ANTÓNIO SARDINHA

Para quem não se recorde bem de quem foi António Sardinha, parece-nos útil a inclusão de breves dados biográficos.

António Maria de Sousa Sardinha nasceu a 9 de Setembro de 1887, em Monforte, e faleceu em Elvas a 10 de Janeiro de 1925.

Nasceu e morreu no Alentejo, onde viveu parte da sua curta vida de 37 anos.

Nascido sob a vigência da Monarquia, isso não o impediu de quando estudante na Universidade de Coimbra, ter chegado a defender a implantação de um regime republicano como adversário convicto que era da **Carta** *(1834-1910). Mas o advento da República depressa o desiludiu e lhe alterou as convicções, convertendo-se à defesa de uma* **monarquia orgânica, tradicionalista e antiparlamentar.**

Poeta e escritor – publicou mais de uma dezena de livros entre 1910 e 1925 – notabilizou-se como político, chegando a ser eleito deputado durante o consulado de Sidónio Pais, exilando-se em Espanha, em 1919 – em consequência do fracasso da tentativa de restauração da Monarquia, levada a cabo por Paiva Couceiro com a "Monarquia do Norte" – e viveu no país vizinho durante 27 meses.

Foi um dos mais destacados dirigentes do **Integralismo Lusitano**, *que fundou com Hipólito Raposo, Luís de Almeida Braga, Alberto Monsaraz, Pequito Rebelo e Francisco Rolão Preto. A sua conversão à Monarquia foi acompanhada da conversão ao catolicismo. Conjuntamente com alguns destes integralistas fundou a revista "Nação Portuguesa", uma publicação de filosofia política que foi a base de lançamento do movimento integralista.*

Senhor de uma apreciável cultura foi um destacado polemista e adversário declarado do Estado Novo e do Salazarismo se bem que, Sardinha fosse considerado como um dos ideólogos do nacionalismo defendido pelo regime.

AO PRINCÍPIO ERA O VERBO

Para iniciar as transcrições de António Sardinha escolhemos o seu livro "Ao princípio era o Verbo", publicado em 1924 – dois anos antes do fim da I República – onde ele faz uma análise deveras interessante e esclarecedora de Nacionalismo, Tradicionalismo e Universalismo, interrogando-se sobre se a origem do "mal de que Portugal enferma" é da Revolução.

Escreveu António Sardinha:

"Se o mal de que Portugal enferma deriva da influência desenraizadora da Revolução, destruir sistematicamente semelhante influência deve ser para quantos trabalham com a pena a mais empenhada das suas preocupações. Carecemos de reparar, no doloroso momento de transição que se atravessa, o erro herdado das gerações que nos antecederam. Cabe-nos melhor do que a ninguém o grande ensinamento do neto de Renan[2]: - "É preciso tomar o partido dos nossos Maiores contra o partido dos nossos Pais". Tomar o partido dos nossos Maiores é reconciliar-nos com a essência eterna da Pátria, - e integrar-nos na sequência tradicional do nosso passado de ocidentais e de portugueses.

Quando aconselhamos esse regresso às disciplinas sociais e morais da Tradição, bem podemos reflectir com Bourget[3] que um doente que está a 40 graus de temperatura, *progride* se recupera a temperatura normal. "Tradicionalismo" não é "obscurantismo". É antes *continuidade* no *desenvolvimento*, - é, sobretudo, *permanência* na *renovação*. Contra os falsos métodos racionalistas do século findo, levantamos o método positivo, - o método histórico, como reacção salutar. Porque os organismos humanos, - sem que o termo nos leve a enfileirar entre os defensores da decaída escola organicista

---

[2] Joseph Ernest Renan, Tréguier, 28 de Fevereiro de 1823 – Paris, 2 de Outubro de 1892, escritor, filósofo, filólogo e historiador francês.

[3] Paul Charles Joseph Bourget, Amiens, 2 De Setembro de 1852 – 25 de Dezembro de 1935, escritor, novelista e crítico francês.

-, não se constituem segundo o individualismo desta ou daquela corrente política ou sociológica, mas segundo as leis inscritas na sua estrutura e mais condições de vida. Tão evidente que a afirmação se nos apresente, desprezou-a por completo a orgia ideológica do Liberalismo. Donde o resultar, não só para Portugal, mas para todo o continente europeu, a instabilidade anárquica em que as instituições e sistemas parecem esfarrapar-se sem remédio.

Firmada, pois, a nossa posição de "tradicionalistas", definido fica o significado do nosso nacionalismo. Urge que, na floresta espessa dos mitos e superstições dominantes, nos não abandonemos cegamente ao encanto bárbaro da aspiração nacionalista. Acentuamos "encanto bárbaro", porque, na sua ânsia impetuosa, há na aspiração nacionalista que desvaira a Europa uma força de agressividade primitiva, - um total olvido da harmonia que é imperioso restabelecer nas relações dos povos, como assento sólido da Cidade de Deus. Entende-se assim que o *"nacionalismo"* – instinto profundo de vitalidade, se completa e depura nas regras que do *"tradicionalismo"* recebe, interpretado *"tradicionalismo"* como o produto da experiência secular da humanidade. Se em relação a cada pátria, o *tradicionalismo* supõe um *nacionalismo,* supõe também, em relação ao grande conjunto humano, um *universalismo.* Como à raiz de cada nacionalismo estão os mandamentos do Decálogo, dependendo a inviolabilidade e o vigor dos agregados nacionais dos termos em que se professem ou respeitem tais mandamentos, o *universalismo,* para não ser *cosmopolitismo* e aflorar como uma soma dos interesses dos diversos agrupamentos de nações, só pode ser o universalismo que a Idade Média professou e a que Augusto Comte rendia tão calorosas homenagens: a sociedade internacional restabelecida e restaurada sobre as únicas bases duradoiras, - as da Cristandade.

Se meditarmos no problema com atenção cuidadosa, verificaremos que a desaparição na Europa da sociedade internacional coincide com o "cisma das Nações", ou seja com o advento e com o alastramento da Reforma. Destruidora do princípio da solidariedade dos povos e dos indivíduos, difundido pela religião de Cristo, a Reforma inaugura em matéria religiosa o individualismo, isto é, a sobreposição da *razão pessoal* à *razão geral*, a vitória da *razão imediata* contra a *razão eterna*. O "cisma", aberto pela Reforma, com a Revolução de 89 transitou da sociedade internacional para as sociedades nacionais. De modo que o triunfo obtido pelo Protestantismo em Vestefália, substituindo a antiga coordenação dos Estados pela supremacia variável do mais forte ou do mais hábil, seguiu-se de perto pela introdução, na existência das nações, do regime dos partidos, em manifesto prejuízo do regime moral, em que até à data se tinha vivido. Não é difícil, por isso, concluir que há um *universalismo* estreitamente vinculado ao *nacionalismo*, como há um *cosmopolitismo* vinculado não menos estreitamente à insânia execrável do Liberalismo, sendo pelo Tradicionalismo que se opera a justa e prudente combinação desses dois elementos, - *nacionalismo* e *universalismo*.

Nacionalismo sem *universalismo* representa, derivadamente, ou um resíduo tumultuário do *princípio das nacionalidades*, filho da Democracia e que hoje balcaniza a Europa, ou uma renúncia cobardemente suicida à função que pertence a cada pátria no enriquecimento, sempre crescente, do património colectivo da civilização. Encontra-se a primeira espécie de *nacionalismo* ao alcance das paternais admoestações, partidas de Roma recentemente. Traduz um apetite de sôfrega dilatação que, de *nacionalismo*, se torna depressa em perturbadora exaltação imperialista. Quanto à segunda manifestação de nacionalismo, dimanada de um certo pacifismo enjoativamente romanesco, compõe-se ao modelo da Suíça – "placa giratória" da Europa, e não ambiciona para Portugal outras vantagens que não sejam as de um turismo promissor e condescendente.

Destruído, portanto, o equívoco que à sombra do vocábulo *nacionalismo* se pode originar, compreende-se já porque o *nacionalismo*, esclarecido pelo *tradicionalismo*, é profundamente "contra-revolucionário", e como tal, "católico romano". "Contra-revolucionário", porque o direito histórico dos povos se restaura das abstracções tirânicas da Democracia; "católico romano", porque, para própria garantia da sua individualidade e prestígio de cada nação, necessita de reconstruir uma ordem internacional em que todas as pátrias, pequenas ou grandes, se achem naturalmente enlaçadas por uma finalidade comum.

    Este é o sentido do verdadeiro *nacionalismo*. Este é o verdadeiro sentido do *tradicionalismo*. Insculpi-lo no pórtico do presente livro é corresponder à invocação que simbolicamente lhe damos por título: *Ao Princípio era o Verbo*... Porque "ao Princípio era o Verbo", é o primado do espírito que nós desejamos restabelecer por sobre todas as coisas. Aos direitos do pensamento confiamos os trabalhos preparatórios do "reaportuguesamento" de Portugal. Conhecidas são de sobejo as causas da nossa desnacionalização. As suas consequências, de tão melancólica e convincente evidência, desenrolam-se diante dos nossos olhos num cortejo de misérias e aviltamentos. Contudo, intacta e prodigiosa, a nascente secreta das nossas energias morais espera apenas pelo golpe fulgural que as liberte! Ninguém, como nós, no longo crepúsculo que envolve os destinos do Mundo e da Civilização, possui motivos de firme e elevada esperança. A desgraça é que vivemos como estrangeiros dentro da nossa casa! A desgraça é que vivemos como ciganos de tenda às costas, ignorando a representação gloriosa que nos cabe defender e manter! E, afinal, porquê? Porque o Verbo deixou de reinar sobre a Acção, porque o Espírito se velou perante a apostasia geral, consentindo, para nosso castigo, que ídolos grosseiros se apossassem do santuário desamparado e vazio... Mas há que despertar, como que para uma segunda fundação de Portugal! Tarefa ampla, com espinhosas impossibilidades dificultando-nos o caminho? Nada resistirá à dedicação constante e árdua com que, hora a hora, minuto a minuto, se refaçam os trilhos perdidos da gente donde descendemos! Num, momento de espantosa e criadora transformação, como é o momento presente, nós não duvidamos das forças reconstrutoras que dormem o sono do Senhor, à espera do Terceiro Dia, no subconsciente de Portugal. O que se nos impõe é restituir à Pátria o sentimento da sua grandeza, - não de uma grandeza retórica ou enfática, mas naturalmente, da grandeza que se desprende da vocação superior que a Portugal pertence dentro do plano providencial de Deus, como nação ungida para a dilatação da Fé e do Império.

Dilatar a Fé e o Império equivale a sustentar o guião despedaçado da Civilização. Os motivos de luta e de apostolado que outrora nos levavam à Cruzada e à Navegação, esses motivos subsistem. Tal como nunca, o duelo entre o "homem ocidental" e o "homem oriental" atinge um dos embates mais dramáticos e mais decisivos. Categoria psicológica inconfundível, o "português", comungando com o "castelhano" na mesma sede insaciável de Absoluto, contorna-se-nos perfeitamente como um exemplar representativo do "homem ocidental". "Ocidental" não como designação geográfica, mas como apelativo sociológico. Expliquemo-nos, no entanto.

Sabido é que Wells[4] divide a mentalidade humana em dois tipos, - o "ocidental" e o "oriental". O mais vulgar, o tipo mais dominante é o tipo do "homem oriental", denominado também por Wells "homem legal", pela sua nenhuma preocupação em frente do futuro. O "homem legal", ou "oriental", conforma-se com o existente, sempre identificado com as situações criadas, ao passo que o outro tipo, - o tipo do "homem ocidental" é, ainda segundo Wells, de natureza dinâmica e, como tal, "legislativo", isto é, "edificador", "impulsionador". Atacado da avariose filosófica dos nossos tempos, Wells contempla no "homem ocidental" um permanente revolucionário, esquecendo-se de que o *"revolucionário"* é, fundamentalmente, uma energia empenhada em subjugar o *"relativo"* e, por consequência, em aprisioná-lo no individualismo das formas imediatas, ou seja, melhor dito, na *"legalidade"*. O contrário sucede com o "homem ocidental", em minoria sobre a face do Globo, elaborador constante do futuro e que nos dois povos hispânicos encontra a sua encarnação acabada.

O que caracteriza, precisamente, a decadência das duas nações peninsulares, de modo a volverem-se numa caricatura arcaica

---

[4] Herbert George Wells, Bromley, 21 de Setembro de 1866 – Londres, 13 de Agosto de 1946, escritor britânico.

e completamente despida de sentido, e o seu aferro à concepção absoluta da Vida e, logicamente, o seu total desprezo pela ideia "legal" do Universo. Socorremo-nos aqui, no enunciado de uma teoria que contamos desenvolver um dia com segurança, dos reforços que à nossa tese nos trazem os estudos do publicista alemão Werner Sombart[5] sobre as origens do "espírito capitalista". Saídas da manifesta influência do Puritanismo, as modernas concepções económicas – concepções que reinaram despoticamente durante o século passado, conduzindo-nos à vil metalização social em que nos debatemos -, denunciam-nos, por isso mesmo, a sua ascendência judaica, provado como está que todos os elementos sociais e morais transitados do Puritanismo para as teorias capitalistas são de inegável extracção talmúdica. Não é possível alongarmo-nos sobre tão interessante ponto. Mas, admitido que o Capitalismo tende a arrancar a sociedade do "estado pré-económico", para a lançar plenamente no "estado económico", reconhece-se sem custo que outro objectivo se não procura obter senão a posse completa do "relativo". Eis no que consiste a linha psíquica do "homem oriental", - eis em que se baseia a identidade da sua acção "revolucionária" com a superstição "legal", ambas demonstrativas do individualismo mais irrecusável.

Vê-se, pelo que sucintamente expomos, a antinomia irredutível de portugueses e castelhanos, - de "hispanos", enfim, com tudo quanto se traduza numa fácil acomodação aos limites quotidianos da Existência, - aos seus aspectos utilitários e materiais. A loucura de D. Quixote volve-se assim numa paixão, com tanto de dolorosa como de sublime! Daí caber-nos, na encruzilhada sinistra a que o "homem oriental" arrastou a sociedade, a dupla posição de "anti-modernos" e de "ultramodernos", na palavra admirável de Jacques Maritain[6]. Daí o realizarmos com tocante humanidade esse

---

5 Werner Sombart, Ermsleben, 19 de Janeiro de 1863 – Berlim, 18 de Maio de 1941, sociólogo e economista alemão, muito influente nos séculos XIX e XX.

6 Jacques Maritain, Paris, 18 de Novembro de 1882 – Toulouse, 28 de Abril de 1973, filósofo francês de orientação católica (tomista) influenciou a ideologia da "Democracia cristã".

tipo superior e constantemente sacrificado do "homem ocidental", que Wells magnificamente entreviu, mas que não soube nem pôde justificar, perdido na selva escura de tanta filosofia bastarda.

    Mas a que propósito tudo o que afirmamos? A propósito da Fé e do Império, - de Nacionalismo e Universalismo, de Portugal e da Civilização. A propósito da "mística" que se acende na alma da velha Lusitânia e que, no seu modesto alcance, o presente volume intenta alimentar e desenvolver. Singelamente, humildemente, - reconhecemos. Mas para que a visão cristã do Portugal Maior se descubra diante de nós, importa que se areje a torre fechada em que nos torcemos, - importa que se destrua nas pregas mais insignificantes da nossa sensibilidade ou do nosso conhecimento qualquer raiz daninha que para lá bracejasse.

PÁTRIA E REALEZA

*   No mesmo livro, e a propósito da Pátria como realidade inalienável, António Sardinha faz o elogio da realeza, analisando a personalidade e a obra de alguns dos nossos mais notáveis monarcas, que com ela se identificaram. Da Casa de Avis à Casa de Bragança, Sardinha recorda a constante defesa da nacionalidade, para concluir que Pátria e Monarquia se fundem numa só palavra: Portugal.*

*   Mas leiamos Sardinha.*

"Foi o mesmo em toda a parte o ataque da Revolução contra a ordem social constituída. O descrédito do Passado serviu-lhe de arma certeira no seu plano de subverter com as instituições tradicionais a legitimidade do poder e a sua natural hierarquia. A perversão da História facilitou assim o caminho a essa obra metódica de dissolvência e destruição. Proclamado o individualismo nos costumes e nas inteligências, as velhas disciplinas que haviam, tornado possível a grandeza e a cultura da sociedade antiga encararam-se de pronto como gargalheiras impostas à nossa liberdade e aos nossos direitos. A Pátria não significou mais que o triunfo momentâneo das nossas opiniões de partido. Pretexto aparatoso para em boa retórica se disfarçar a ambição dos mandarins e dos arrivistas, perdeu-se-lhe a continuidade e a razão eterna de existir desde que os de hoje se levantaram contra os de ontem, apeando os símbolos e destruindo as realidades, a cuja sombra se tinha com nobreza e segurança vivido e morrido.

Ora a Pátria, no seu sentido concreto, na verdade frisante das suas características, é um facto positivo que se não improvisa nem subjectiva, mas que se reconhece e aceita tal como é, - e nunca como a nossa imaginação ou o nosso capricho desejem que ela fosse. Pátria vem de *"terra patrum"*, - a terra dos Avós, a terra dos Antepassados. Amar a Pátria é respeitá-la na fisionomia sagrada que os nossos Mortos lhe imprimiram. Nunca é de mais falar em Fustel de Coulanges[7]. Sem ser um crente, no seu testamento, Fustel de Coulanges mandou-se enterrar catolicamente. "Eu desejo um enterro conforme o uso dos Franceses – escrevia o historiador -, isto é, um enterro religioso. Eu não sou, em verdade, nem praticante nem crente; mas devo-me recordar de que aqueles que me pr4ecederam na vida eram católicos. O patriotismo exige que, quando se não pense como os nossos maiores, se acate ao menos o que eles pensaram".

Este conceito humaníssimo de Pátria, excluindo o patriotismo revolucionário e romântico, é exactamente o seu conceito científico e experimental.

Sendo assim que a Pátria tangivelmente se nos manifesta, é preciso honrá-la, não só nas forças políticas que a geraram e mantiveram, mas até nas grandes ideias colectivas em que a sua alma secular se fixou e definiu. Talvez um pouco pitorescamente, não era outro o motivo que Jules Soury[8] invocava, ao declarar-se simultaneamente ateu e clerical, materialista e católico romano. A

---

[7] Numa Denis Fustel de Coulanges, Paris, 18 de Março de 1830 – 12 de Setembro de 1889, historiador francês.

[8] Jules Soury, 1842 – 1915, teórico e historiador da neuropsicologia francês. Idealizador das teorias de determinismo racistas, converteu-se ao nacionalismo e foi um anti-semita radical.

notoriedade de Jules Soury advinha-lhe da teoria célebre dos *neurones*. Pois os *neurones*, que, numa tradução barata, empurraram entre nós para o livre pensamento dos comícios certo psiquiatra já falecido, - esses mesmos *neurones* do Prof. Miguel Bombarda, dando a Jules Soury as bases fisiológicas do patriotismo, levaram-no a concluir, não pela fé, que a não possuía, mas pelo pensamento que tanto amava, na apologia da Igreja como representando a mais forte e a mais bela educadora do subconsciente dos indivíduos e dos povos.

Não chegaram a Portugal tão nobres e insuspeitos exemplos. Apenas a negação se importou numa avidez doentia de suicídio. Tão fundo a avariose liberalista nos corroera, que as próprias doutrinas de Comte[9], de crítica cerrada e implacável aos falsos dogmas de 89, Teófilo Braga as deturpou e restringiu, adaptando-as às exigências sectárias da sua psicologia farisaica de jacobino! Deste modo, estabelecida a luta contra a estrutura histórica da nossa sociedade, não tardou que um pseudo-intelectualismo reproduzisse contra a Monarquia e contra a Religião as diatribes, às vezes sinceras e iluminadas, de um Michelet[10] ou de um Quinet[11]. É daí que se socorre a mentalidade republicana, quando prega a guerra santa contra as influências do Passado, considerando-as obscurantistas pela sua linguagem tatuada de tonitruante.

Auxiliam-lhe o trabalho desorganizador o criticismo agudo de um Oliveira Martins, ou a cegueira ultra-romântica de um Pinheiro Chagas, sem aludir a Herculano naquela parte em que, saindo do domínio dos documentos, se pôs a fazer história para combater – na própria frase – a Reacção. A Pátria, para esses autores, apresentava-se, não no significado objectivo de um património a continuar, em que a tomava Fustel de Coulanges, mas como dirigida

---

[9] Isidore Auguste Marie François Xavier Comte, Montpellier, 19 de Janeiro de 1798 – Paris, 5 de Setembro de 1857, filósofo francês, fundador da Sociologia e do Positivismo.

[10] Jules Michelet, Paris, 21 de Outubro de 1798 – 9 de Fevereiro de 1874, filósofo e historiador francês.

[11] Edgar Quinet, Bourg-en-Bresse, 17 de Fevereiro de 1803 – 27 de Março de 1875, intelectual e historiador francês.

e condicionada por um princípio, - o princípio herdado da Revolução e expresso nas ideologias anárquicas do Liberalismo. Não foram assim historiadores. Foram antes panfletários. Como panfletários os vemos convocados a depor sempre que seja necessário activar a campanha subversiva contra as grandes verdades tradicionais.

Felizmente, na renovação da inteligência portuguesa, a História é hoje compreendida como o elemento mais decisivo para a vitória do nosso nacionalismo.

Como mentiras insubsistentes, esvaem-se as calúnias divulgadas pela *Deducção Chronologico-Analytica*, quando Pombal entendeu desacreditar pelos processos mais baixos a acção moralizadora e cultural da Companhia de Jesus. É onde começa entre nós a história sectária, - a história parcial e criminosa, que Fustel dizia levar à guerra civil. História de guerra civil, efectivamente, a história sectária, iniciada por Pombal, aumenta e cresce com o advento do Constitucionalismo. A maneira como os homens de 34 enegreceram sem escrúpulo os seus irmãos vencidos afere-se bem pelo rancor com que a República está difamando tudo quanto represente um reflexo do nosso passado católico e monárquico!

Não irá, porém, longe o seu propósito faccioso! A nova geração dispõe-se a velar pelos direitos da história nacional, que o mesmo é que velar pela unidade moral da Pátria. O alarme já se sente nos arraiais inimigos. A eterna exploração contra a Realeza sofreu uma derrota mortal nos últimos episódios parlamentares em que a figura de D. João VI suplantou com toda a sua nitidez a acusação sem consistência que a pretendia toldar. Mal dissimulando o desbarato, ainda insistem os do campo contrário. E insistem, afirmando que o espírito monárquico se dedica a levantar agora vultos secundários e poluídos, em porfiado menosprezo por outros que são cumeadas na nossa jornada de povo.

Não é difícil atingir o alcance da insinuação. Querem os nossos adversários inculcar com ela que nós, reabilitando os nossos Reis, esquecemos a Pátria, para só nos preocuparmos com a Monarquia. Bem opostamente, porque a Pátria é o princípio e o fim das nossas aspirações, é que nós defendemos nos nossos Reis a vontade persistente e enérgica de que Portugal resultou engrandecido, ao longo do exemplo admirável de quase oito séculos de vida. Eis porque, na identificação da Pátria com a Monarquia, a história de Portugal é a história dos nossos Reis. Uns mais dotados, outros mais obscuros, nenhum deles faltou aos deveres pesados do seu ofício, conduzindo sempre o País ao caminho da honra e da prosperidade. Quando erraram – os poucos que erraram! -, erraram na ideia de que serviam no prestígio da sua coroa o prestígio da nacionalidade.

Porque o interesse dinástico coincide necessariamente com o interesse nacional, Renan, chamando à Realeza o "cérebro" de uma Nação, não hesitava em proclamar que um chefe electivo é sempre inferior ao soberano – por medíocre que este seja -, elevado ao trono pelos acasos da hereditariedade. Se Renan o observava, de olhos postos na França, nós tiramos a prova real das suas palavras, arrepiando a nossa reflexão ao longo das três dinastias, a quem Deus confiou a salvaguarda de Portugal.

Logo ao alto, o que seria das tendências separatistas das gentes de Entre Douro e Minho, se, em seguida ao esforço preliminar dos condes portucalenses, D. Afonso Henriques não desposasse na sua ambição a causa de uma pátria que se queria constituir? A sua obra não é apenas uma obra do guerreiro que protege e alarga o território. O político revela-se, procurando na Santa Sé o apoio externo que à pequena nacionalidade faltava no concerto internacional da *Republica Christiana*. Adulterando, quando não diminuindo, esse acto do nosso primeiro rei mostra-nos que, ao lado do guerreiro impulsivo, havia o estadista hábil, demandando sanções jurídicas e morais para o reino emancipado pela sua espada de cavaleiro.

Transposta a fase embrionária, - o período instintivo, a Pátria encontra na Realeza o cérebro que, realmente, lhe define as preferências e lhe estabelece a finalidade. Ao longo da dinastia afonsina nós vemos que o desenvolvimento de Portugal é o desenvolvimento do poder dos seus Reis. Há uma directriz que se executa e que sempre se cumpre, ininterruptamente. A D. Afonso Henriques sucede D. Sancho, seu filho. Se um conquista, o outro estabiliza. Se o pai dilata os limites da terra, o filho arroteia-a e povoa-a. Virá D. Afonso II garantir depois a unidade da Pátria sustentando a unidade da soberania. Na dispersão jurisdicional das regalias da Coroa, o seu pulso domina a tentativa feudal que ameaça pulverizar o Estado ainda recente. D. Afonso II evita o escolho, para bem depressa ele reaparecer na menoridade do seu sucessor, durante a fraqueza de uma regência. São as regências a falha das Monarquias. Mas o que é a República senão a regência perpétua?

Neste sentido, a obra da Realeza se desenha e continua. Declara-se a crise de 1384. Mas ainda é a Realeza quem salva a Pátria, corrigindo-se dos defeitos do reinado anterior. Não desprestigiemos D. Fernando! Camões é injusto com ele, quando lhe chama "fraco Rei". A sua política de fomento é admirável. Arruinou-nos nas lutas com os vizinhos, - é certo. Mas D. Fernando adivinhava a nossa necessidade de expansão, ao mesmo tempo que o perigo absorcionista de Castela. Errou, porém, na rota a escolher. A expansão seria para o mar e só poder naval nos salvaria da ameaça crescente da unificação castelhana.

Eis que surge a Casa de Avis. A Grei adquire então a plenitude das suas virtudes sociais. Há o desvio da Índia que empobrece e esgota as nossas energias. Que Reis magníficos, no entanto! Aos primeiros não me refiro, tidos e havidos como tal pelos publicistas de todas as cores. O que levanto são as acusações carregadas sobre D. Manuel e D. João III. D. Manuel achou em Luciano Cordeiro um reabilitador consciente nas suas esplêndidas monografias *O Prémio das Descobertas* e *A Segunda Duquesa*. Quanto a D. João III, a quem Oliveira Martins chama significativamente o "Rei colonizador", é doloroso declarar que os estrangeiros lhe prestam mais atenção de que nós, - nacionais. Ninguém amou como ele o desenvolvimento da nossa cultura, já trazendo para Portugal os mais afamados humanistas, já instituindo lá fora as *"bolsas de estudo",* por cujas expensas os nossos sobressaíram bem alto no festim erudito da Renascença. Repara o escritor espanhol D. Alfonso Danvila y Burguero que entre nós se faz um conceito injusto de D. João III. E assim assevera que *"la colonización del Brasil, la reforma de la Universidad y su traslación à Coimbra, el procurar por todos los médios posibles enfrenar la orgia de la Índia y suprimir las mutilaciones y marcas de hierro de los criminales, actos en los cuales tuvo D. Juan III una activa parte, quitan un tanto de valor à la severa afirmación de Pinheiro Chagas y de Herculano"*.

O mesmo sucedeu com D. Sebastião e com D. Henrique. De D. Sebastião é já conhecido hoje o espírito profundamente nacionalista de todo o seu reinado. Não é, no entanto, inútil recordar que o exército da Restauração se organizou sobre os regulamentos e reformas militares decretados pelo Rei Desejado. Exausto, quase no fim a vida, D. Henrique é o crepúsculo de uma raça. Contudo, Manuel Bento de Sousa apresenta-o como chefe do partido oposto à influência castelhana, traçando dele um retrato que o dignifica. Esse juízo é confirmado pelo insuspeito Danvila y Burguero.

Subiu ao trono, teve que aceitar a fatalidade do destino, na certeza, porém, de que não entregava submissamente Portugal à Espanha.

Não foi bem uma incorporação, de resto, o que ocorreu. Foi antes uma união, uma espécie de monarquia dualista, como a Áustria - Hungria. Provam-no, por exemplo, a introdução das armas de Portugal no escudo espanhol, a vinda de Filipe às cortes de Tomar e a constituição do Conselho de Portugal em Madrid.

A administração ruinosa dos outros Filipes, tendendo a tornar Portugal numa simples província, é que provocou o nosso arranco libertador. Entretanto, por força do valor que Georges Sorel[12] reconhece aos mitos, governa-nos a *"Monarquia do Encoberto"*. Mas o Encoberto apareceu um dia – conforme a lápida da Porta dos Nós em Vila Viçosa. Inicia-se então com D. João IV a Dinastia de Bragança, sobre a qual desabou um chuveiro de falsidades e de infamações. Diminuído e caricaturado, D. João IV, quando mais não tivesse por si senão a sua entrevista com o Cavalheiro de Jant e o

---

[12] Georges Sorel, 1847 – 1922, escritor e político francês.

célebre papel que, debaixo da designação de *Procurador dos descaminhos do Reino,* mandou lançar na caixa das Cortes, possuía o bastante para se nos impor como um grande monarca. Mas há mais – há mais e muito mais: diplomata habilíssimo, a ele se deve a organização interna e externa que facilitou as vitórias do reinado seguinte, e consequentemente a independência. Joaquim de Vasconcelos[13] e Edgar Prestage[14] restituíram já, e definitivamente, D. João IV às suas reais proporções da sua envergadura.

Uma pausa se deprime agora com D. Afonso VI. A sua inferioridade pessoal não enfraquece, em todo o caso, a força unificadora do princípio que representa. É no seu reinado que se ganham as batalhas decisivas da autonomia e é ele que até ao fim aguenta com firmeza o homem que, apesar dos seus defeitos, foi a alma enérgica que supriu a frouxidão natural do monarca. Não me é possível aqui abordar o problema da deposição de Afonso VI. Só direi que, no regime de partidos em que o Paço se dividia, o acto que conduz o infante D. Pedro à regência foi, na sua origem, um acto da responsabilidade total da Nação.

D. Pedro, dos menos dotados dos nossos soberanos, revela na sua política externa uma tal firmeza que chegou a desfazer as cabalas de Luís XIV. *"Se ele é meu discípulo e os bons discípulos honram os mestres!"* – eis como disfarçou o *Rei Sol* espirituosamente o seu despeito. Increpam-no pelo Tratado de Methuen. Apesar dos encargos que nos trouxe, garantiu-nos as colónias. A subida de Filipe de Anjou ao trono de Espanha mudara a França, de inimiga tradicional em aliada fiel da corte de Madrid. Ameaçados de uma nova absorção, sem Paris a secundar-nos, tivemos que nos valer da Inglaterra, como nosso apoio exterior. Depois, o domínio dos mares já não era nosso. Nas mãos da Inglaterra, só a sua aliança nos permitia a comunicação livre com o Ultramar português.

Morto D. Pedro II, seu filho, D. João V, é um dos nossos Reis mais propositadamente obscurecidos. De um país depauperado pela

---

[13] Joaquim António da Fonseca e Vasconcelos, Porto, 1849 – 1936, historiador português, casou em 1876 com Carolina Michaelis, professora e ensaísta.

[14] Edgar Prestage, 1869 – 1951, professor universitário e escritor inglês.

guerra em que a Grã-Bretanha nos metera, para nos abandonar em seguida à nossa sorte, D. João V consegue tirar o Portugal que esteve para ser árbitro das contendas europeias, graças a uma neutralidade forte e respeitada. Protector das artes e das ciências, é da época de D. João V não só o estilo que caracterizou o seu reinado, mas um número infinito de construções, todas destinadas a servir o bem comum. A grandeza do Rei valeu, e acertadamente, para D. João V como sendo a grandeza do Reino. É este o traço dominante do seu governo e o que melhor o impõe aos agradecimentos de Portugal.

D. José – o herdeiro, veio numa hora em que o Absolutismo corrompera já a estrutura das monarquias tradicionais. Se com D. João V as qualidades próprias do monarca servem ainda de correcção ao vício congestivo que se ia apoderando da Realeza, essas qualidades desertam em D. José, que se abandona por completo à influência do seu valido. *"O Rei ao torno e o Marquês no trono"*, - ou então, mais exactamente, o epigrama que afixaram na estátua do Terreiro do Paço: *Statua statue*. Tanto basta para que a ditadura de Pombal se aprecie devidamente. A crítica dela está encerrada, julgando-se económica e socialmente prejudicial para a Nação. Subscrevo esse juízo, que de hora para hora os factos realçam cada vez mais. Já assim não acontece com D. Maria I, que preside, talvez como reacção contra os geometrismos despóticos do Marquês, a uma verdadeira revivescência nacionalista, de que são principais elementos os eruditos da Academia.

Mas o falso naturalismo do século minava já a sociedade antiga. Não obstante, de D. Maria I data uma série de reformas que libertaram a terra, sem cair nos apriorismos insensatos de Mouzinho, e que desenvolveram consideravelmente a agricultura e a instrução especializada. Renovando o pensamento de D. João III, mandam-se lá fora pensionistas que se experimentam nas ciências agronómicas e químicas, então nascentes. A loucura da Rainha não invalida o trabalho reparador do seu reinado. Durante a regência do Príncipe, cria-se o Conselho do Almirantado, que nos dará uma esquadra, - inveja e cobiça de Napoleão. Não nos deixaram as invasões ir mais adiante. E hoje sabe-se como, retirando-se para o Rio, D. João VI salvou com a integridade da dinastia a integridade da Pátria. O resto é quase do nosso tempo, para que nos ocupemos a desfiá-lo.

    O advento do Liberalismo acabou de desorganizar a natureza histórica das nossas instituições sociais e políticas, complicando a crise que se desencadeara entre nós com uma sanguinolenta disputa dinástica. Encarnação magnífica da Raça, a D. Miguel I só no exílio é que lhe consentiram que ele revelasse a firmeza comovente da sua dignidade real. A Nação inteira aclamou-o não apenas como rei, mas como símbolo do seu desejo ardente de voltar àquela continuidade em cujas normas Portugal crescera e se cobrira de glória. Não o permitiram os princípios do século, sustentados de armas na mão pela conjura internacional do Maçonismo.

    Na alteração política que transmite a coroa a D. Maria II, o imperador D. Pedro, vítima do figurino romântico de libertador dos povos, desmancha em cavalhada sem perdão a sua linha corajosa, só porque Bolívar lhe subira à cabeça e lhe atravessam o cérebro de quando em quando uns vagos fumos de napoleonismo de contrabando.

    Superiormente conformada, D. Maria II afirma um temperamento de mulher que lhe legitima bem depressa a sua "quase legitimidade", - à Luís Filipe. Do que foi como rainha fala a tradição que deixou no povo e ainda as suas cartas, recém-publicadas, em que se marca bem a energia de um carácter nascido para afrontar situações difíceis, como as que D. Maria II por mais de uma ocasião afrontou. Penetrado da nevoeirenta melancolia germânica, D. Pedro V é um rei filósofo do século XVIII, vindo ao Mundo postumamente. A precocidade mental dos Braganças assinalou-o de uma maneira notável. E eu creio que nesse monarca, eivado de um filantropismo inconstante e dulçoroso, não habitava a personalidade que muitos supõem. O traço que o fixa é o seu idílio com D. Estefânia, - idílio que recorda um pouco o de Henrique e Carlota Stilglitz.

    Por trás da sua essa, desponta agora D. Luís. É a dissolvência máxima do Constitucionalismo que o Rei atenua com as claridades do seu coração e da sua inteligência. Resignado à fórmula hipócrita de que "o rei reina e não governa", D. Luís traduz Shakespeare e é de cepticismo idêntico ao do seu primo do Brasil, amigo de Vítor Hugo, - o tal que ralhava em verso às Coroas e às Tiaras. A sua existência esconde-se na apatia de um órgão sem função, - inutilizado pelo monstruoso sofisma em que a majestade da Monarquia se avilta irreparavelmente, jogada de um lado para o outro na feira dissoluta dos partidos. D. Carlos a levantará, resgatando com o sacrifício do seu sangue a culpa original que manchava o direito da sua dinastia.

Rei bem nacional, - até nas suas predilecções de lavrador alentejano, D. Carlos manifesta-se um Bragança perfeito na sua psicologia de artista exigente, em que diplomacia traduzia a qualidade tónica do seu atavismo belamente dotado. Abateram-no como um lobo a uma esquina. Nesse momento Portugal suicidava-se. Olhando à posição que D. Carlos conquistara nas cortes e chancelarias da Europa, é lícito perguntar o que seríamos hoje, com esse soberano excepcional à nossa frente? A D. Carlos estaria talvez destinado no desenlace da grande guerra o papel que as circunstâncias iam reservando a D. João V.

Através de tantas gerações de monarcas, nós vemos assim Portugal identificando-se sempre pelas responsabilidades do sangue com as instituições que tradicionalmente o representavam. Tal é a virtude primacial da Monarquia. Ela que fez a Pátria, ela a restaurará. E, deitando os olhos ao mapa do Passado, nós constatamos como, efectivamente, Portugal é a criação magnífica dos seus Reis!

Deixámo-los insultar e difamar. No dia em que essa conspiração se consumou, consumou-se o maior atentado contra as razões mais sagradas do nosso patriotismo. Restaurar a verdade na História é restaurar a unidade da Pátria. Só a Monarquia a serve e garante como ninguém! Tudo o mais são evasivas de momento, - são mesquinhas soluções provisórias. Contemplemos de frente, sem preconceitos, como homens livres, a face da questão. "A toda a nacionalidade corresponde uma dinastia, na qual se consubstanciam o génio e os interesses da nação, - pondera Renan; uma consciência nacional não é fixa nem firme senão quando ela contrata aliança indissolúvel com, uma família, que por esse contrato se obriga a não ter nenhum interesse distinto do da nação". Não é outro o caso da Monarquia Portuguesa. Eis porque Pátria e Monarquia, fundidas uma na outra, dão uma palavra somente: - Portugal!

MONARQUIA E REPÚBLICA

Ainda no mesmo livro, António Sardinha expõe uma tese que logo se revela de enorme objectividade ao analisar as diferenças doutrinárias entre República e Monarquia, considerando que só esta última é um regime "estruturalmente democrático".
Mas vejamos o que diz António Sardinha:
Efectivamente, uma coisa é a República como doutrina política, outra coisa é a República como noção histórica da governança ou do poder.
A doutrina da República exclui a concepção orgânica que antigamente se fazia do *facto - república*. O *facto - república* afirmou-se principalmente na Idade Média com as liberdades municipais e corporativas, fundamentadas no direito legítimo do homem a viver e com razão moral no profundo ideal cristão daquela época. É, na verdade, da convergência de tão variados elementos que resulta a necessidade da sua coordenação pela força unificadora da Realeza. Quando a Realeza se estabelece e desenvolve, em que bases é que nós a vemos assentar a sua profunda acção pacificadora? Nas comunas revoltas, no Terceiro - Estado em desavença constante com as arrogâncias, por vezes despóticas, do mundo feudal.
Se, à falta de expressão mais idónea, a nós nos é lícito empregar a palavra *"democracia"*, a Realeza é desta forma o único regime estruturalmente democrático que se conhece na história. E dizemos *"democrático"*, porque só a unidade da soberania, como a Realeza a obtém e consolida, realiza o equilíbrio das classes, sem predomínio, seja ele qual for, dumas sobre as outras.
Detalhando melhor a nossa tese, não se suponha que floreamos com ela um paradoxo impertinente! O grande mestre que

foi Fustel de Coulanges já sustentava que a "república" só era compatível com a "aristocracia", enquanto que a "democracia" só se acomodava verdadeiramente à "Monarquia". Antes de avançarmos, entendo, porém, esclarecer o significado dos dois vocábulos na linguagem do ilustre historiador. "Foi a Grécia – dizia Fustel – que introduziu no Mundo o governo republicano, e foi uma classe aristocrática que o introduziu na Grécia". Mais tarde em Roma é a aristocracia que derruba a Realeza, substituindo-a por um Senado que deliberava e por magistrados que executavam as deliberações do Senado. Tanto na Grécia como em Roma, a aristocracia, fundando a república, teve logo o cuidado de afastar a multidão das funções directivas. Mais tarde, no momento em que a república sucumbe, é substituída na Grécia pelos "tiranos" clássicos e em Roma por César que abre as portas ao Império. O que é depois o Império senão um mandato exercido em nome do povo romano?

Eis as razões em que se fundava a teoria de Fustel de Coulanges. São razões que perfilhamos, tão depressa tomemos "aristocracia" como sinónimo de "oligarquia". Realmente, as aristocracias representavam para Fustel, sobre os restantes corpos do Estado, a supremacia duma classe, a ditadura abusiva duma casta. Não é outro o espectáculo que nos oferece a Grécia dos tempos áureos. Toda a sua civilização, reduzida ainda ao perímetro estreito de *Cidade*, descansava discricionariamente na escravatura.

O número de cidadãos, - dos que discutiam e tinham voto na governança comum, traduzia-se numa minoria insignificante perante o grosso da população condenada a trabalhar para os outros, sob a dureza duma lei tão opressiva como humilhante. Surgiram os *tiranos*. E Fustel caracteriza-os como "mandatários do povo contra a aristocracia". É o que sucede em Roma, ao desabar da República. César assoma aos varandins do triunfo, levado aos ombros da plebe. "Em Roma – ensina-nos Paul Guiraud[15], biógrafo de Fustel -, a realeza era amada pela plebe e odiada pelos patrícios". Quando ela caiu, a sua queda foi lamentada pela multidão, que nunca mais

---

[15] Paul Guiraud, Cenne-Monestiés, 15 de Janeiro de 1850 – 25 de Fevereiro de 1907, historiador, membro da Academia das Ciências Morais e Políticas.

deixou de mostrar uma tendência marcada para o domínio de um só."

Parece-me esclarecido com bastante suficiência o sistema de Fustel. A realeza antiga encarnava fundamentalmente o tipo patriarcal da sociedade. Ressurgindo através da família, é esse o tipo que persiste na formação das monarquias medievais. Com estas vinha, porém, fecundar-lhes a obra a lei moral que faltava às instituições do paganismo.

A consciência cristã, traçando limites ao poder, fazia dos Reis, não tiranos ao modo clássico, mas magistrados, conforme os Juízes de Israel. Contudo, mesmo assim, a teoria de Fustel subsistiu. Na pulverização do Estado, com as invasões da gente do Norte, só por meio do traço recíproco da protecção e da fidelidade a ordem se reconstruíra. Nasce daqui o feudalismo, que é dever dum pensamento honesto interpretar e considerar fora das costumadas declamações sentimentais. Um momento surge, no entanto, em que a função do feudalismo se achou extinta naturalmente.

É então que a Realeza corrige a desorganização em que colectividade ia tombando de novo, - agora, não pela ausência do Estado, mas pela dispersão incalculável da soberania.

Percebe-se que, restringindo os privilégios excessivos dos barões feudais, a Realeza nunca poderia contar com eles como colaboradores pacíficos e submissos. Evidentemente que carecia de um apoio, - e de um apoio seguro. Onde é que Realeza o encontra? Encontra-o nas Comunas, encontra-o nas Corporações, - no povo miúdo e obscuro que cresce, não revolucionariamente para a sua imposição violenta, mas para a conquista das suas franquias, das suas isenções, das suas liberdades, enfim. A autoridade real, numa guerra de séculos quase, defendia, no próprio interesse, o equilíbrio social da preponderância exagerada dum dos braços do Estado sobre os demais. Fustel não se enganava, como fica dito. Aristocracia exprime "participação no poder". A Monarquia, transformando a *aristocracia* em *nobreza*, tornava-a, de sua concorrente, em simples colaboradora.

As lutas da aristocracia contra a Realeza documentam

largamente o nosso ponto de vista. Entre nós, já no espraiar da Renascença, como explicar, senão assim, a política de D. João II contra a Casa de Bragança e os fidalgos, seus sequazes? O fenómeno que se verificava em Portugal, verificava-se lá fora, - em França, por exemplo. Em 1481, nos Estados-Gerais de Tours, quem invoca a soberania inicial da nação é um orador da nobreza, Filipe Pot de la Roche. Em contraste, o cónego Jean de Rély, representante do braço do povo, incita o monarca ao exercício pleno da sua autoridade, acrescentando que o ofício do rei é levantar os pobres da opressão (*"rélever les povres de oppression!"*).

É que praticando a detenção do poder contra a unidade da nação, bem expressa na unidade da soberania, a aristocracia de outrora desempenhou o mesmo papel perturbador que hoje os partidos desempenham. Os fidalgos ontem, ciosos da manutenção das suas jurisdições privadas, os políticos da actualidade cada vez mais ávidos de absorver em proveito próprio a marcha e a direcção dos negócios públicos, - eis dois aspectos diversos dessa tendência centrífuga que na vida dos Estados é imperioso corrigir, embora não anular, por uma forte organização das funções coordenadoras do Estado. A natureza oligárquica das democracias modernas ainda não há muito que a demonstrou uma pena insuspeita. Refiro-me ao professor Robert Michels[16], da Universidade de Turim, no seu conhecido livro, traduzido para francês, - *Les partis politiques*.

Também assim o entende Georges Sorel[17], - o notável teórico do sindicalismo francês, ao caracterizar a democracia como um governo de classe contra as outras classes. Dos ensinamentos de Georges Sorel deriva uma das correntes mais curiosas e mais positivas do pensamento contemporâneo. Estabelecida a incapacidade orgânica dos sistemas democráticos para resolver a questão social pela sua condição simultaneamente plutocrática e parlamentarista, ao proletariado só resta a Revolução ou o Rei.

---

[16] Robert Michels, Colónia, 9 de Janeiro de 1876 – Roma, 3 de Maio de 1936 – sociólogo alemão, a sua obra mais conhecida é a "Sociologia dos partidos políticos", escrita em 1915, traduzida para português e publicada em 2001 (Antígona)

[17] Georges Eugène Sorel, 2 de Novembro de 1847 – 29 de Agosto de 1922, engenheiro francês, teórico do sindicalismo revolucionário.

Georges Valois[18], ao colocar o dilema, examina-lhe os termos detidamente. Daí a hipótese da *Monarchie-ouvrière*, que nos meios operários mais esclarecidos vai alargando o seu prestígio e a sua influência. Discípulo de Sorel, Edouard Berth[19] aplaude-a e aceita-a como o único processo eficaz de restringir o Estado ao mínimo da sua acção, sem levantar os horrores duma crise universal, em que certamente a civilização e a sociedade se subverteriam.

Na dissolução geral do Estado democrático, as razões apontadas por Fustel figuram entre as mais decisivas. Em outro campo bem diverso por princípios e por formação, dir-se-ia que o tratadista espanhol Adolfo Posada as perfilha, quando atribui a decomposição dos partidos políticos, especialmente dos partidos *liberais,* à impossibilidade manifesta de determinarem, por vício de origem, quais sejam a posição e a intervenção do Estado em frente dos problemas dominantes na economia actual. A essa causa de crise profunda juntam-se as muitas outras que o conflito europeu veio denunciar, sobretudo pelo que respeita à ausência de *continuidade* e de *previsão*, visceralmente incompatíveis com todo o regime de procedência electiva. E porquê? Porque, à unidade nacional, sobrepõe a conveniência dos partidos, a cupidez das clientelas. A integridade da Pátria carece de quem duradoiramente a sirva e interprete. Só uma dinastia com ela se poderá identificar. Porque só uma dinastia realiza pela hereditariedade a coincidência do seu interesse com o interesse colectivo que é chamada a reger.

Descendo da teoria aos factos, reconhecemos que nas críticas de Georges Sorel à democracia ressurgem as considerações que motivaram no campo da história a atitude de Fustel de Coulanges. O predomínio dissolvente dos partidos sobre as legítimas aspirações da colectividade equivale às antigas querelas da Nobreza e do Clero contra a supremacia neutralizadora da Coroa. Há uma diferença, no entanto, que é de justiça destacar. Nunca, a não ser em raras

---

[18] Georges Valois, 1878 – Paris 1945, pseudónimo do político e jornalista francês Alfred-Georges Gresset.

[19] Edouard Berth, 1875 – 1939, pensador e teórico francês. Discípulo de Georges Sorel e de P-J Proudhon fundou com Georges Valois os *Cahiers du Cercle Proudhon em 1911.*

circunstâncias, as discórdias das classes privilegiadas atentaram contra a própria constituição do Estado. Órgãos robustos do mesmo, queriam expandir-se em detrimento da boa harmonia do grupo. Porque a Realeza intervinha, exercendo o ofício de coordenadora, as dissensões afloravam, rápidas, assumindo por vezes um carácter extremo de violência. Todavia, se as pátrias ocidentais existem, ao Clero e à Nobreza pertence um alto e extraordinário quinhão na epopeia admirável da sua independência e do seu desenvolvimento.

Não sucede outro tanto com os partidos políticos, - consequência da liberdade metafísica dos utopistas de 89. Não chegam a ser órgãos do Estado, pois que não passam de elementos parasitários, mantendo-se à custa da corrupção e do favoritismo. O poder, quando o alcançam, sequestram-no em seu benefício exclusivo, como se fosse coisa conquistada. Por intermédio dos mil tentáculos duma burocracia opressiva e inerte, nós vemo-los imporem-se na sua, minoria atrevida e insaciável à colectividade escravizada. São as maravilhas do Estado napoleónico, hoje em falência estrondosa! De Bonald observava que Bonaparte, não tendo força nenhuma na sua constituição, se vira obrigado a empregá-la na sua administração. Efectivamente, a constituição dum povo, inscrita na sua história, é mais *consuetudinária* do que *teórica*. Assim sucede ainda um pouco com a Inglaterra. Assim sucedeu outrora com as nacionalidades europeias.

Saída da conformação natural da sociedade, essa constituição, que Le Play denominou *"constituição essencial"*, não era senão o seu pleno reconhecimento. Firmando-se nas relações do sangue *(família)*, da sociabilidade *(comunas)* e dos interesses *(profissão)*, só começou a alterar-se quando os Legistas exumaram da Roma antiga as normas dum direito já cadaverizado. É a altura em que se inicia a grande Revolução, da qual – na palavra feliz de alguém -, a Revolução Francesa não foi mais que um episódio. O absolutismo dos Reis perverte a noção cristã da Autoridade. Aparece de seguida a Renascença com a ideia naturalista do Poder e o seu centralismo excessivo, mesmo despótico. Pela primeira vez esse centralismo é empregado pelos príncipes contra os seus súbditos, quando a rebeldia de Lutero quebra a unidade moral da Europa. *"Cujus régio, ejus religio"*. É donde data a abominável fórmula, atribuída aos católicos por uma história ainda mais abominável. Entre tantos, o procedimento de Henrique VIII de Inglaterra ilustra-a suficientemente.

    O Absolutismo triunfa sem reservas no século XVIII. É conveniente acentuar que o Absolutismo não é, em todo o caso, a vontade caprichosa do Soberano, - o *"bon plaisir du prince"*. "Na *Monarquia absoluta* – escreve Amédée Bode no seu *Droit Constitutionnel* -, o monarca reúne em si todos os poderes...; ele faz a lei, mas a *lei promulgada por ele obriga-o tanto como aos seus súbditos."* Não passa de um ilusório engrandecimento do poder real o que o Absolutismo lhe confere. Destruindo todos os organismos intermédios, o Absolutismo deixa apenas o Estado na presença do indivíduo, despojado já da rede miúda das associações domésticas e económicas, cuja eliminação Royer-Collard[20] tanto lastimava. É o conceito romano do Poder que ressuscita integralmente. E no dia em que o soberano for derrubado por um vento revolucionário, a posse do país torna-se pronta e fácil, mercê do excessivo estadismo que, julgando aumentar o prestígio dinástico, só o enfraquece e ameaça de morte.

    Compreende-se já como o Estado absolutista do século XVIII antecede logicamente o Estado metafísico e todo-poderoso das modernas democracias. Esse estado é o Estado napoleónico – insistimos -, baseado não na noção histórica da autoridade, derivada da *Família*, da *Comuna* e da *Corporação*, mas no simples conceito materialista da *força* e do *domínio*. Eis porque, desfeitos os órgãos naturais da sociedade, só pela burocracia e pela centralização o Estado napoleónico se mantém e defende na fragilidade evidente dos seus alicerces. Daí o reparo de Bonald, a que já aludimos, e que encerra consigo o julgamento dos regimes modernos, pelos quais se amorteceram nos povos europeus as antigas condições da sua prosperidade e da sua autonomia.

---

[20] Pierre Paul Royer-Collard, Sompuis, Vitry-le-François (Marne) 21 de Junho de 1763 – 2 de Setembro de 1845, filósofo francês.

Deste modo, só a Monarquia, restituída à sua verdadeira essência, pode restaurar as velhas liberdades municipais e corporativas, que constituíam a estrutura *democrática,* reconhecida por Fustel de Coulanges à Realeza. Com a democracia, - doutrina e constituição jurídica, com essa é que jamais se conseguirá obter, por culpa de nascença, um mínimo de *descentralização.* Precisamente, nas repúblicas é que o despotismo administrativo se torna cada vez mais vincado. Prova-o a própria Suíça, que a mitologia política em voga nos apresenta como uma república-modelo, mas onde a tendência centralizadora cresce de ano para ano.

Ao contrário, em Espanha, a alta experiência de Maura evitou os escolhos separatistas do regionalismo através do seu projecto de administração local, que, descentralizador ao extremo, teve contra ele os liberais, os democratas e os republicanos, enquanto o votavam com entusiasmo chamados grupos "reaccionários". Repita-se quase o caso bem sintomático da Restauração Francesa, que viu os seus propósitos de descentralização naufragarem perante o obstrucionismo inquebrantável dos elementos avançados e dos homens do *"just-milieu".*

Quando os carlistas gritavam: - *Fueros y el Rey neto",* eles enunciavam na voz ardente das suas reivindicações a dupla índole concentradora e descentralizadora da Monarquia. Confunde o Absolutismo *funções directivas* com *funções administrativas.* Exigindo para o Rei o exercício independente da suprema magistratura, a verdadeira Monarquia orbita-lho, porém, pelo federalismo económico e municipalista. *"O Rei governa, mas não administra".* Herdada de Gama e Castro, tal é a fórmula política do *Integralismo.* Não é outra a significação do *"poder pessoal"* do Rei, que, de modo nenhum, é honesto baralhar com o conceito corrente do Absolutismo.

Aqui está porque não errava muito o jornalista nosso adversário quando há dias, em conversa amena sobre *Integralismo,* nos apresentava como desejando uma república com um Rei a dirigi-la. Se as nossas afirmações parecem exageradas, escudemo-las com uma passagem de Charles Maurras[21]: - "A palavra *república* - diz o grande mestre -, tem um sentido admissível. Mesmo depois do restabelecimento da Monarquia, poderá ser conservado com aquele significado antigo que designava o *conjunto dos negócios públicos*. Em compensação, *democracia* deve ser riscada, banida e esquecida, como puro sinónimo de degenerescência, expressão da desorganização e da pulverização, espécie de vestígio linguístico de quanto o regime republicano teve outrora de mais funesto." Também nós assim o entendemos. Basta olhar reflectidamente para o passado, que logo a nossa Realeza tradicional se nos mostrará consagrando o juízo exacto de Maurras. A aliança dos Reis e dos Concelhos já impressionara o espírito elevado de Herculano. Alguém que na correcção da história nacional ocupa um lugar de elevada dedicação certamente pelo equívoco sociológico da sua época, não se cansava nunca de assinalar a feição "democrática" – à Fustel – da monarquia portuguesa. Refiro-me a Luciano Cordeiro, tão digno de ser recordado pelas suas contribuições definitivas para um outro juízo mais sólido da nossa nacionalidade.

De resto, o episódio do vereador João Mendes Cicioso, as falas de Baltazar Coronheiro, a resposta do *Juiz do Povo* ao enviado de D. Pedro II marcam bem a "constituição" da nossa Monarquia. Não era uma constituição discutida, votada e impressa. Mas mais larga e mais positiva, inscrevera-se pela força do costume na alma das gerações, de cuja experiência social gradualmente saíra. *"O foral que a vosso povo tendes dado e (he) marco e ley amte vos e ele"*, - clamariam, em Cortes, ao agonizar de Quatrocentos, os procuradores das vilas, traçando os limites naturais da Realeza. Já os determinara a própria letra da Ordenação: - *"É por isso chamado rei, para que haja de reger justamente o seu reino e manter o seu povo em direito e justiça: se assim o não rege, não merece o nome de rei, porque não conforma o nome com as obras."*

Se as falsas ideologias do Liberalismo nos não houvessem corrompido o senso político, consumando a obra iniciada por

---

[21] Charles Maurras – 20 de Abril de 1868 – 16 de Novembro de 1952 – poeta e jornalista francês, teórico do nacionalismo integral.

Pombal, embora já trazida de atrás pela influência do Direito Romano, irrecusavelmente que as nossas instituições se não teriam desviado do que, na essência, formava o seu enraizado "meio vital". É a esse "meio vital" que nós necessitamos de regressar, se, mais que tudo, a duração e a grandeza da Pátria nos preocupam. A Idade Média, carecendo de reparar a sociedade, sacrificou por vezes a *unidade* à *liberdade*. Mais opressivos e menos profundos, os tempos modernos sacrificaram a *liberdade* à *unidade*. É imperioso obter o devido consórcio de duas tendências tão antagónicas. *"Autoridade e competência ao alto, liberdade e fiscalização à base,* - declarava Maurice Muret, na *Gazette de Lausanne* resumindo as suas observações sobre a guerra. *O homem que souber corrigir neste sentido as democracias contemporâneas – a Bélgica incluída -, terá bem merecido da Europa e do Mundo."* Não será um homem – asseveramo-lo. Será antes um sistema, um princípio. Será a Monarquia, porque só ela concilia a unidade com a liberdade, a concentração com a descentralização.

E são estas, sem dúvida, as razões porque, vendo claro, o jornalista nosso adversário não andou muito longe da verdade, ao escrever que o *Integralismo* desejava uma república, mas com um Rei a dirigi-la.

DOIS PAÍSES – UMA OBRA COMUM

A batalha de Aljubarrota é ponto de partida para António Sardinha fazer uma análise da importância das relações entre Portugal e Espanha, defendendo que nunca a vitória portuguesa, em 1385, deve ser motivo de querelas entre os dois países.

Igualmente no livro "Ao princípio era o Verbo", publicado em 1924, este tema é uma continuação da sua defesa do nacionalismo sem deixar de apontar riscos para uma prática errada.

Nesta hora decisiva para a influência da Península nos destinos do Mundo e da Civilização, o aniversário da batalha de Aljubarrota oferece-nos tema largo para que destrincemos a parte que há-de sempre caber a Portugal, como nação independente, na finalidade comum, marcada por Deus aos dois grandes povos peninsulares.

Nunca é de mais o acentuar-se que apenas *nacionalismo* não basta. Reconhecimento exclusivo da realidade inconfundível, ou de uma raça, ou de um povo, o *nacionalismo*, como regra única de conduta, pode tornar-se até num forte agente de perturbação e anarquia.

O *princípio das nacionalidades*, na sua profunda essência sentimental e romântica, é tal como se está vendo, em consequências bem desastrosas, no exemplo que todos os dias nos apresenta a destruição da Europa Central por obra das insignes mediocridades que tomaram repimpado assento na Conferência de Paz. Por isso o *nacionalismo*, elemento fecundo e imprescindível, sim, mas também instintivo e tumultuário, não logra jamais estabilizar-se numa construção consistente e duradoira, se nele não intervêm, como filosofia própria, - como método positivo de acção, as disciplinas claras da inteligência, imprimindo personalidade consciente ao Estado e encaminhando para um desfecho, seguro e lógico, as forças cegas da História.

Pois o movimento de incontida explosão nacionalista que se coroa nos plainos de Aljubarrota com a nossa vitória sobre o exército castelhano demonstra-nos largamente a verdade destas pequenas reflexões.

Noção, ou conceito moral de Pátria, não existia por então ainda, definido e ancorado nos espíritos. O que existia era como que o sentimento natural de uma *diferença,* a que o egoísmo privado da dinastia dava as linhas necessárias para se guardar e defender. Não é negar o arcaboiço rijo da Pátria Portuguesa! Na sua robusta unidade, é ela uma das mais antigas do nosso continente. Mas é salientar um facto que não pode nem deve escapar a todo aquele que não despreze, para compreensão do futuro, as lições determinantes do Passado.

Ora, ao findar o século XIV, com a crise aberta pela morte de D. Fernando, Portugal, não se furtando à lei geral da formação das nacionalidades modernas, dificilmente adquirira consciência da sua personalidade política, já bem individualizada, sem dúvida, mas não dispondo de outra expressão que não fosse a da identificação da legitimidade do Estado com a legitimidade do monarca. Na ideia medieval da *honra,* na ideia da *fides* recíproca, saída do pacto feudal, consistia a ética por que se pautavam os deveres do agregado para com o seu soberano e chefe supremo. Depois, o Direito Romano, em pleno florescimento, contribuía para imprimir à índole do Estado uma estrutura patrimonial ainda mais contornada. Assim, não foram "traidores" – no sentido corrente que à palavra se liga -, os que, mantendo os castelos a custódia da terra e o prestígio da autoridade, não acompanharam o partido revolto que pôs no trono o Mestre de Avis.

Precisamente, por não serem perjuros, por não traírem o seu juramento de *filhos de algo,* é que certos historiadores de vista curta costumam descrevê-los como vendidos a Castela e sacrificando a independência da Pátria às suas baixas e criminosas ambições. Passemos por cima do lugar-comum em que a dignidade da nossa história jaz há muito prostituída e amortalhada, recordando ligeiramente que, obedecendo a D. Beatriz, a nobreza de 1384 seguia os ditames das Cortes que a tinham jurado herdeira da Coroa. Caem, pois, em pecado mortal de ignorância os que supõem que D. Fernando nos entregava de mãos atadas ao domínio odioso de Castela. Pelo contrário, D. Fernando acautelara com cuidado a nossa autonomia preceituando nitidamente que, enquanto D. Beatriz não tivesse filhos, governaria como regente do Reino sua mãe, D. Leonor Teles, subindo ao trono, como monarca independente, o filho que viesse a nascer do ventre daquela pobre e apagada princesinha.

Tanto a solução quadrara bem na parte mais esclarecida da nacionalidade, que o Mestre de Avis, segundo a versão recolhida em mais de um cronista, seria o primeiro a mandar recado a D. João de Castro, para que acudisse a sustentar os direitos de sua esposa. O povo revoltara-se, em todo o caso, desde logo, - revoltara-se o plasma poderoso da Nação, fermento nacionalista formidável, apesar de descoordenado e por vezes negativo. Mas o protesto dos reservatórios obscuros da Raça só agravava as circunstâncias, já de si gravíssimas, pelo aspecto violento de *jacquerie* de que se revestia, - assassinatos de bispos, ataques à propriedade, incêndios de igrejas e fortalezas.

Com a mentalidade e psicologia de todos os tempos, dificilmente se poderia estar com a gente da rua. No entanto, no clamor da rua residia, confusa e epiléptica, a directriz vital da nacionalidade.

Época dolorosa de transição, como são sempre as épocas de transição, ela mostrava-nos, palpável e dramático, o conflito entre o vento novo que irrompia, tumultuando, e os interesses criados – os eternos *interesses criados*! -, sempre custosos de se removerem. "Seja tudo contra Portugal e Portugal contra si mesmo!" – exclamava em Alenquer melancolicamente o conde João Afonso Telo. Mas como ficar "com dous çapateiros & dous alfayates", que em nada mais, para a moral altiva da classe nobiliária, consistia a reacção fecunda em que Portugal se abrasava de alto a baixo? A mesma interrogação sentia o Mestre, tímido, hesitante, ignorando ainda a admirável personalidade que dormia dentro dele.

Vimo-lo mandando recados para Castela. Vemo-lo agora pretendendo para mulher a rainha viúva, que o repele energicamente. O facho da discórdia crescia e crescia, num torvelinho de destruição, - labareda de ódios devorando Portugal intestinamente e facilitando com isso a invasão já próxima das massas armadas de Castela. É essa a altura em que o homem predestinado surge, - em que surge o varão mandado por Deus.

Mais que nos prodígios de que lhe anda constelada a crónica piedosa, mais que na humildade e no ascetismo da sua renúncia admirável, é onde eu vejo o sinal inconfundível da vocação sobrenatural do *Condestabre*: - é no arremesso incondicionado e aberto com que ele, - um feudal, um homem da Cavalaria, se coloca à frente do populacho das ruas, e da desordem, alastrando, raivosa e impotente, consegue tirar o penhor seguro da vitória e da grandeza da pátria de amanhã. Visto de longe, nos frutos abençoados do seu esforço, dificilmente se compreende como o *Condestabre* é excepcional, quase único. Saído das camadas aristocráticas, houve que vencer-se a si mesmo, lutar contra a família, contra os sentimentos da própria honra, contra o que então constituiria o que hoje chamamos "dever patriótico". Não hesita Nun'Álvares – embora triunfe por virtude do medievalismo de toda a sua imaculada figura -, em combater contra o medievalismo que estrebucha, agonizante, e que o ascenso do Mestre ao trono matará definitivamente entre nós. Estranha e paradoxal contradição que só nos revela como Nun'Álvares, pelo carácter providencial da sua missão, teria de terminar sobre os altares, oferecendo a Deus, com a sua espada, o lírio imarcescível da sua clara alma de Galaaz! E qual é o ensinamento, qual é a inspiração que, perante a atitude do *Condestabre*, no momento actual se impõe ao nosso patriotismo alarmado? Antes de mais nada, precisamos de reconhecer no caso de Nun'Álvares que, se Deus prepara e cria os acontecimentos, é sempre à vontade humana que cabe efectivá-los e completá-los. De outro modo, um fatalismo brutal conduziria a marcha da História, negando totalmente a intervenção deliberada das iniciativas do homem, sem o quê a nossa liberdade interior não passaria nunca de uma névoa, de uma fórmula vã. E se pensarmos um pouco mais em toda a vida magnífica do *Condestabre*, vir-nos-ia, como bons portugueses, o desejo de escrevermos uma *Imitação de S. Frei Nuno*, - espécie de breviário quotidiano para a nossa dupla fé católica e lusitanista.

"*Raison et bom sens ne suffisent pás!*" – observou de uma vez Renan, - o céptico, exactamente quando, nos degraus da Acrópole, invocava em Palas-Atheneia a claridade serena da sabedoria antiga. Porque, na verdade, "*raison et bom sens ne suffisent pás*", é que Nun'Álvares, colocando-se fora do existente, voltando esplendidamente as costas aos Mitos, às Normas, às urnas vazias já de toda a essência e de todo o conteúdo, venceu unicamente pelo poder supremo do Espírito. Rapaz e cabeça de um partido de rapazes, com as suas rapaziadas inconcebíveis, acendendo fogos no alto dos montes, tocando trombetas por entre a bruma cerrada, escavacando galhardamente távolas de festim, aprendamos em Nun'Álvares o segredo da nossa crença nacionalista que une ao gesto rebelde, que destrói e purifica, o gesto que tanto nos afila as mãos para o Céu, como no-las enclavinha, justiceiras e frementes, na coronha de uma espingarda. E o resto acontecerá, por graça de Deus, desde que, em plena vontade nossa, saibamos querer o que Ele no seu plano eterno já concebeu e já quis!

*

Interpretada assim a brochadas largas a figura do *Condestabre*, é imperioso que interpretemos igualmente o significado histórico da batalha de Aljubarrota. Por honra nossa e do sangue que nos queima as artérias, que nunca Aljubarrota seja uma data que divida, um grito que separe! Não hasteemos o pendão do *Condestabre* como bandeira de qualquer filarmónica de *patrioteirice* – como diria Eça -, onde a Pátria, tornada tema de pura retórica, perca o seu sentido positivo e orgânico e não seja mais que um nome abstracto, destinado a não hostilizar aquilo que é contrário e adverso à sua estrutura inalienável. Entendidos, - não é verdade? Ora, da mesma forma não tomemos Aljubarrota como um simples acto guerreiro, desprendido de toda a sequência e toda a relação com a vida posterior de Portugal. Há que admitir na existência dos povos uma finalidade, uma vocação, mais ou menos correspondente àquela *ideia-directriz* que já Claude Bernard assinalava como presidindo ao desenvolvimento íntimo dos seres. "O essencial na História – no seu *Idearium Español* Angel Ganivet[22] -, reside na ligação que prende os factos ao espírito do país em que tiveram lugar". Assim é, com efeito. E Aljubarrota, ao desenlaçar-se a crise do Estado Lusitano, já consolidado e agora aberto para os horizontes largos da sua expansão, foi a garantia segura e indispensável para que os Descobrimentos se realizassem e Portugal, nação do litoral, se metesse à empresa vasta das Descobertas.

Nas Descobertas se concentra, não só a base da nossa vitalidade nacional, mas a característica imorredoira do nosso génio

---

[22] Ángel Ganivet, Granada, 13 de Dezembro de 1865 – Riga, 29 de Novembro de 1898, escritor e diplomata espanhol.

de povo. De dois acontecimentos deriva a civilização moderna em todo o seu alto significado construtivo: - do Cristianismo e das Descobertas. Os Descobrimentos deslocaram o eixo da cultura humana de um mar interior – o Mediterrâneo – parta a bacia imensa do Atlântico. Esse esforço sem igual, que fez filhas de Portugal as idades vindoiras do Mundo, não seria possível sem Aljubarrota.

E porquê? Porque unido Portugal com Castela, ou Castela seguia o pendor da vertente atlântica e abalava connosco ao domínio do Mar, deixando pelas espaldas o Aragão, a política do Mediterrâneo e com ela o pesadelo do Turco e do Luteranismo, ameaçando subverter dentro de século e meio a ordem cristã na Europa, - e a epopeia ultramarina da Península resultaria incompleta, deficiente e mesmo estéril; ou então cedendo ao impulso da vertente mediterrânea, o atalaiado reino da meseta volver-se-ia unicamente para os problemas internos do continente, incapacitando Portugal, anexado e amordaçado, de chegar até onde chegou na dilatação da Fé e do Império.

Sejamos calmos! E na hora grave que passa – insisto -, que nunca a data de Aljubarrota se celebre como um motivo truculento de divisão e de discórdia entre dois países cuja obra é comum nos seus lineamentos eternos de civilização e apostolado!

Num dos seus mais belos discursos, disse uma vez Vasquez de Mella[23] que sentira um *"intenso afecto al pueblo Hermano"*, ao visitar o mosteiro da Batalha, *"donde descansan los restos del vencedor de Aviz y del vencido de Toro, como se el fuese levantado, más que a discórdia entre Castilla e Portugal, a una unidad superior a las dos"*. Igual sentimento me tomou por completo, quando em Toledo, na capela dos *Reys Nuevos* e junto do túmulo do monarca destroçado em Aljubarrota, contemplei o estandarte, arrancado em Toro ao nosso Alferes - Mor e que a mão varonil de Isabel, a Católica, suspendera do alto das abóbadas. A unidade superior a Portugal e Castela, em que ambas as pátrias ser confundem e irmanam para a realização de um destino grandioso, - essa unidade,

---

[23] Juan Vasquez de Mella, Cangas de Onís, 1861 – Madrid, 1928, deputado tradicionalista, escritor e filósofo católico espanhol.

de que fala Vásquez de Mella, Toledo ma revelou, como a Batalha a revelara ao ilustre tribuno tradicionalista. É que nós fomos vencidos em Toro pela razão oculta e sagrada porque fôramos vencedores em Aljubarrota!

A hegemonia de Castela na Península, como Estado interior, duraria enquanto durasse a Reconquista. Para lhe resistir à tendência absorvente, o Aragão procurara na Itália e no domínio do Mediterrâneo, tanto ocidental como oriental, o seu eixo de apoio.

Outro tanto sucederia ao nosso país, evitando a consolidação do bloco castelhano, primeiro pela política inteligente, embora infeliz, de D. Fernando, e a seguir pela constituição do nosso poder naval. Passada a Reconquista, Castela, como uma grande nau balanceando, teria de escolher um dos dois caminhos marítimos: - o do Mediterrâneo, ou o do Atlântico, para que não se sufocasse na sua clausura.

A própria conquista de Granada não se lhe tornava possível, sabidas as pretensões da coroa de Aragão, ou sem se unir a este, ou sem se lhe opor um elemento que pesasse tanto como ele. Colocada em tão apertado dilema, o juízo de Deus pronunciou-se em Toro, como já se pronunciara em Aljubarrota. Venceu o partido que se inclinava para o Aragão. E, casada agora à monarquia oriental da Península, Castela terminava a demanda secular da Reconquista, interrompida desde os tempos de S. Fernando, e, envolvendo-se na política europeia que o Aragão lhe trazia com a posse das Duas Sicílias, cumpria as secretas vias da Providência, por cujo supremo ditame a Europa se havia de salvar depois, com Carlos V, da heresia protestante e do perigo otomano avançando até às portas de Viena. Guardai-o bem com vós outros: - é preciso amar a Castela, porque Castela é, como Portugal, o pelicano sangrando!

Se, inversamente, nós tivéssemos triunfado em Toro, isso equivaleria a perdermos Aljubarrota. Já com as Descobertas a desenrolarem a sua estrofe ondulada, já com o domínio da África assente em posições numerosas, ver-nos-íamos de súbito envolvidos nas lutas caseiras da Península, com Aragão a submeter, com o Moiro de Granada ainda de pé, - e decerto que os *Lusíadas* não se haveriam escrito, cantando a acção máxima do Peito Lusitano, em quem por momentos descansou sublimemente a sorte ameaçada da civilização. Deus reservava-nos a cruzada do Mar, como reservava para Castela a cruzada da Terra. Sorrisse-nos a vitória em Toro, - e nem a ulterior política europeia de Castela arrancaria a Europa ao caos da desordem religiosa e social, nem nós, *"por mares nunca dantes navegados"*, levaríamos tão largo a semente incorruptível de Cristo. Eis porque Toro é o natural complemento de Aljubarrota. E outra não é a unidade superior a Portugal e a Castela que Vasquez de Mella admiravelmente surpreendeu debaixo das arcadas da Batalha e que, na minha amargura de exilado, me consolou o espírito de visões de grandeza, ajoelhado nas pedras da capela dos *Reyes Nuevos* em Toledo.

Selada pelos desígnios soberanos de Deus, essa unidade patenteia-se-nos assombrosamente na circunstância de Isabel, a Católica, vencedora em Toro, ser tanto bisneta do desbaratado de Aljubarrota como de S. Frei Nuno e do Mestre de Avis. Filha de portuguesa, na dinastia, débil e verdadeiramente incapaz, dos Trastamaras ela constitui uma súbita afloração de génio e de vontade, em que o sangue dos *Altos Infantes*, transportado ao trono de Castela, mais uma vez se afirmava nas virtudes magníficas da sua magnífica hereditariedade. E será ainda o mesmo sangue que frutificará na pessoa de Carlos V, neto de Isabel, que, pela linha paterna, herdara também, de Carlos, o Temerário, o atavismo excepcionalmente dotado dos descendentes do *Rei de Boa Memória*. É desde então que o *Tosão de Oiro* circunda o escudo da Espanha unificada. E o que é o *Tosão de Oiro* senão o enlace simbólico da casa de Borgonha com a dinastia que se fundou em Aljubarrota e que cavou para sempre, como individualidades políticas autónomas, a separação de Portugal e de Castela?!

*

Meditação de Aljubarrota, - meditação da Esperança, profunda e ardente... Faltaríamos à *"unidade superior"*, em que

Deus congregou e abraça Portugal e Castela, se a comemoração da gloriosa data não assumisse para nós o carácter de um verdadeiro mandato imperativo, - o de cumprirmos irmãmente, Portugueses e Espanhóis, aquele alto destino que o futuro nos reserva na história imortal. É doloroso de incerteza o instante que corre, - bem o sabemos. Nos seus fundamentos a Cidade tradicional parece estremecer ao arranco dos novos bárbaros. Não tardará que a Cruzada surja outra vez, como na Idade Média, e que tenha de ser pela Tiara e pelo Ceptro o que for, sem mais palavras, - simplesmente, pela Civilização. Situada entre a Europa e a América, senhora das portas de dois mares, a Península necessita de devolver-se à sua comunhão espiritual perdida, - ao senso perdido da sua vocação secular. Que S. Frei Nuno esteja connosco, como estava em Aljubarrota ao lado do Mestre, como esteve em Granada batendo nas veias de Isabel, como pulsou em Lepanto animando o coração heróico de D. João de Áustria! E o Portugal Maior regressará à posse dos seus antigos roteiros, para que a energia da raça volte a salvar a beleza do Mundo, já meio apagada no longo crepúsculo que sobre ela tragicamente anoitece...

PATRIMÓNIO DO PASSADO

Mais uma transcrição do livro "Ao princípio era o Verbo", com o capítulo a que Sardinha dá o título de "Nos átrios da cidade futura", e no qual o mestre do nacionalismo português aponta o seu programa: "regressar primeiro, para progredir depois". É, de novo, a apologia da Família, do Município, da Corporação, e da Província como elementos estruturantes do edifício Pátria.

Exactamente, na defesa da Europa contra os dois bolchevismos, - o bolchevismo do argentário e o bolchevismo do agitador, é que o nosso plano de campanha necessita de se desenvolver e detalhar quanto antes! Soldados de uma nova cruzada, é na luta pela Ordem que a nossa inteligência se fortalece e o nosso braço se inspira! O património que recebemos do Passado oferece-nos consigo os mais imprevistos germes do triunfo. O que à nossa volta está desabando é toda a ignóbil constituição ideológica do espírito da Enciclopédia. Incapacitado de responder às interrogações que o assaltam de hora para hora, cada vez mais opressivamente, na sua rota desesperada de náufrago, o Estado parlamentarista e plutocrático não tardará a ruir. Deixemo-lo baquear para que a sociedade, restituída às suas próprias forças, se refaça, finalmente, do adormecimento vegetativo em que ele a lançou com o peso das suas insaciáveis oligarquias parasitárias! No entanto, evitemos que, num estremecer de pupilas hediondas, a Horda, que espreita e avança na sombra, se precipite para o saque desejado, como um bando primitivo de gorilas! Na missão que a Providência lhe distribui, cabe-lhe arrastar à última capitulação a firma de banqueiros sem escrúpulos que exploram por sua conta os benefícios do chamado "Progresso" e têm os interesses da humanidade como um alto e lucrativo negócio. Enquanto eles se abismam na escravidão infame da Matéria, confessemos nós o poder invencível do Espírito, ajoelhados diante dos átrios misteriosos da Cidade Futura! É bem singelo o nosso programa, que todo se condensa *em regressar primeiro, para progredir depois.*

Mas *regressar* é devolver-nos às condições normais da vida social, efectuando pela harmonia e colaboração mútua aquela lei biológica humana que o Dr. Grasset opõe energicamente aos conceitos darwinianos com que o século findo, no seu racionalismo grosseiríssimo, envenenou o ambiente contraditório da sociologia. Reconstituamos, pois, a sociedade, reconstituindo a *família,* agrupamento fundamental e primário, na sua íntima composição monogâmica e territorial. Da *Família* iremos ao *Município* e à *Corporação.* Do *Município* e da *Corporação,* somados organicamente na *Província,* sairá a *Pátria,* servida nos seus fins superiores pela acção coordenadora do *Estado.* Assim, encontraremos, pelos caminhos eternos e sempre remoçados da Tradição, essa ordem que é natural e humana, sem a qual não há civilização nem existência possível, como o "cidadão" de Rosseau nos acaba de demonstrar, rasgando na Rússia o *Contrato Social* e caindo no *"insolidarismo total",* pela sua volta ao tropel errante dos símios da floresta.

Oferece-nos o sindicalismo a estrada larga das suas realizações. E quando escrevo "sindicalismo", quase que prefiro escrever *"gremialismo"*. Baptizado pela Igreja, o gremialismo há-de colocar em equação o problema momentoso da produção da riqueza e da sua respectiva distribuição. Confinado em funções centrais de direcção, ao Estado pertencerá unificar, com vista à mesma finalidade, as várias autonomias económicas e extrair delas a colaboração necessária ao bem geral do agregado. No regime conjunto, ou paralelo, da propriedade privada e hereditária, e da corporação sábia e fortemente constituída, achará por certo o dia de amanhã o equilíbrio tão dolorosamente ambicionado por todos nós. Adivinha-se desde já como numa comunidade descentralizada e hierarquizada ao mesmo tempo o Estado intervém, garantindo com a sua norma reguladora a justa expansão das diversas actividades produtoras, quer sejam colectivas, quer sejam simplesmente individuais. *"Ni individualisme anarchique, ni étatisme abêtisseur et paupérissant,* - escreve A.L. Galéot; *mais dês organisations corporatives ouvertes, prenant soin dês leurs et répartissant les frais de secourrs sur la profession, le tout synthétyisé, coordonné par l'organe central de cohésion nationale, le "roi du travail", le monarque néréditaire".* Porque se o chefe único é imprescindível para se ganhar a guerra, não é menos imprescindível para se estabilizar a paz, a fim de que a riqueza se desenvolva e se distribua equitativamente, assegurada como carece de ser por uma autoridade legítima, consciente e contínua.

*

Tal é a ordem que se desprende da desordem, - tal é a Ordem que arrancará a Europa da carreira do abismo, ou que fará florir outra vez a civilização do nosso continente, se a desgraça tombar por sobre nós! Essa Ordem é a ordem de sempre, porque a Ordem é só uma e define-se singelamente por tudo quanto seja o inverso da Desordem. Através das suas múltiplas formas, como um monstro de muitas cabeças, a desordem já não ilude mais, porque na experiência russa achou o limite máximo que poderia atingir. "Um princípio triunfa – raciocinava Berryer[24] -, quando ele se aplica e produz o bem. Ele triunfa da mesma maneira, quando se aplica o princípio contrário, e este só produz o mal".

Eis que, por sobre um cortejo de mentiras, a nossa verdade alcança um triunfo inesperado! Julgando quebrar as grilhetas de todos os preconceitos, nós assistimos, com a ditadura de Lenine, ao advento de uma tirania sem nome, que prostitui a dignidade do trabalho, reduzido agora a uma vil tarefa de besta puxando ao carro. Respondamos-lhe nós sem trepidações, entoando um daqueles admiráveis hinos com que Georges Valois entremeia as suas não menos admiráveis criações económicas. "Homem, porque trabalhas tu?" – "Trabalho, porque sou o instrumento da vontade de Deus, que manda pôr ao serviço divino todas as faculdades e todas as graças que do Senhor recebi em usufruto!" Pois, penetrados dessa certeza solene, restauremos os direitos de Deus na sociedade, para que o Trabalho se dignifique como uma virtude e retome nos Lares e nas Oficinas a sua antiga realeza moral. Pela extrema desagregação a que o Estado chegou entre nós, talvez que a Portugal esteja reservado o destino glorioso de inaugurar a Ordem Nova na Europa. Se for assim – e eu creio que há-de ser! -, teremos recuperado a nossa vocação apostólica de povo conquistador e descobridor, levantando, contra o tufão maximalista do Oriente, o maximalismo cristianíssimo do mundo ocidental.

GRANDES FIGURAS DA LITERATURA PORTUGUESA

É verdadeiramente notável o "retrato" que António Sardinha faz de algumas das grandes figuras da literatura portuguesa, nomeadamente Fialho de Almeida, Antero de Quental, Eça de

---

[24] Pierre-Antoine Berryer, 1790 – 29 de Novembro de 1868. Advogado e deputado francês.

Queirós e Almeida Garrett, destacando criteriosamente com base nas suas vidas e obras, as escolhas por estes feitas, ao longo das suas vidas, relativamente ao Tradicionalismo e as reacções tidas, em função dos seus temperamentos e convicções, perante as andanças da política nacional em clima de crise.

Sobre Fialho de Almeida, escreveu inspiradamente António Sardinha:

A genealogia intelectual de Fialho de Almeida é-nos dada com precisão pelo catálogo dos livros legados por ele à Biblioteca Pública de Lisboa. Percorram-se ao acaso essas tantas páginas de simples resenha bibliográfica e ver-se-á que o escritor não procurou em vida senão documentar o seu abundante temperamento de impressionista.

Talento feito de arrancos e de inquietações arrojadas, à obra tumultuária de Fialho de Almeida falta-lhe una *ideia orgânica* que lhe imprima unidade e consistência dorsal. O título do volume *À Esquina* é um símbolo que bem se poderia estender a todo o esforço literário do escritor. Ainda que observador e crítico, Fialho foi na observação e na crítica um impulsivo admirável, e, a quem desertavam as faculdades serenas da inteligência para predominarem mais as da adivinhação. Fialho, rotulando-se em arte como um realista, não passou nunca de um subjectivo que transformava as suas sensações visuais em fundos desgrenhados de paisagem interior. Sobrepunha-se à posse dos factos excitadamente e ele mesmo confessava que nas criptas da sua personalidade existiam "fundalhas de loucura pensante, à espreita da hora" que o devia precipitar em Rilhafoles.

Com isto não pretendo usar das patologias agora na moda, quando se discreteia acerca de alguém que não tenha já boca nem mãos parta se defender. O que eu desejo é limpar o nome do escritor das enxurradas crescentes do lugar-comum e encará-lo por aquele ponto de vista superior em que a sua obra nos aparece como a parte mais viva e invencível de uma individualidade tão rica como era a de Fialho. É importante o subsídio que nos fornecem *Os Gatos* ao aludir à *"tinta delirante* – escreve ele mesmo -, *sob que eu vejo há uns tempos para cá, todas as coisas dramáticas ou triviais que me circundam"*. Eis um depoimento que epigrafaria eloquentemente o estudo decisivo da psicologia do autor das *Pasquinadas*.

Não se recusa Fialho a declarar o seu cérebro "hereditariamente propenso já de si às meias-visões macabras da alta nevrose". *(Os Gatos,* 2.ª ed.,vol. I, p. 121). O próprio escritor se encarrega de nos demonstrar a sua formação literária mais como um produto espontâneo de temperamento do que como uma raciocinada conquista intelectual. Não é outra a interpretação que sustento. E Fialho autobiografava-se maravilhosamente ao deixar nas colunas de *Os Gatos* a passagem seguinte: - *A rudeza faz com que os homens do povo tenham o espírito em fragmentos, mesmo apesar do coração lhes bater de uma só peça. Pela quase completa carência de metodização no pensamento, a imaginação deles, como a razão, tem grandes noites, e só por instantâneos relâmpagos fulgura. É ouvi-los falar, reconhecer na conversação de muitos, pontos focais de rectidão, bom senso e inteligência, rasgos grandiosos, finuras singulares, isto perdido num ossuário de disparatados e confusos solilóquios"*.

Na sua obra Fialho manteve sempre as virtudes instintivas do homem do povo. E por essa rudeza nativa se tornou admirável e incompleto a um tempo. O espírito tinha-o em fragmentos também, sem o fio de uma ideia condutora, - a *ideia orgânica*, cuja ausência principiei por notar. A obra de Fialho, saída de um jacto das entranhas da criação, é como um bloco inacabado de Rodin. Num amontoado perdido de plebeísmos e invectivas arrenegadas, surgem braços que imploram, gestos que repelem, atitudes que nunca mais se olvidam pelo sopro imortal que as arrancou para a luz. Depois são reticências, amplos vazios, restos dispersos de um laboratório em descalabro. Onde a inteligência intervém para ligar, em Fialho intervinha a imaginação. Não a imaginação que fantasia – a imaginação dos inferiores e dos circunscritos. Mas a imaginação bem rara dos inspirados, - a imaginação que *cria* e é irmã germana da verdade.

Como escritor, Fialho nunca se auscultou no mais leve, no

menos preocupado dos exames de consciência. Marchava por sistema à mercê dos ventos, reflectindo em si, numa espantosa projecção atávica, o vagabundo tão seu conhecido das solidões alentejanas. Levando por Lisboa uma vida dispersiva de mesa de café, era de noite, pelas ruas entrecruzadas da Baixa, que Fialho compunha mentalmente numa luta desesperada entre a concepção e a realização.

Assim se explica, não obstante essa base de improviso, a estrutura torturada da sua prosa em que os vocábulos ser agatanham e comprimem numa suspensão de nervos sempre dispostos a deflagrarem-se. Comparo-o muito por isso ao Huysmans[25] do *Á rebours* e do *Lá-bas*. É certo que em Fialho cantava a luminosidade ofuscante dos largos horizontes peninsulares, enquanto Huysmans se constrangia tragicamente nas dobras misteriosas de um nevoeiro tão denso como os nevoeiros das suas paragens natais. Mas sobre Fialho caía também a mesma hereditariedade, com apetites satânicos laivando-a de fogachos de delírio. Daí o arrepio extraordinário que lhe atravessa a obra com confusões estrepitosas de *sabbat*, no burburinho diabólico dos seus sarcasmos, que lembram, não sei bem porquê, obscenidades escarninhas de gárgula medieval.

A prosa de Fialho, como prosa, ficou-se bastante longe da perfeição. A perfeição literária em Portugal só aclama um mestre único: - Eça de Queirós. Esse, sim, que praticou as qualidades soberanas da inteligência na ironia e na análise! Não se cuide, porém, que Fialho seja menor do que Eça. Ambos, em frente um do outro, marcam com notável nobreza para as nossas letras dois processos psicológicos tão diversos como interessantes. Eça é o processo reflectido, - é o processo objectivo do pensamento, exercido todo de fora para dentro... São as virtudes próprias da razão actuando na realidade tangível, - nos exclusivos domínios do concreto. Precisamos de recorrer à palavra "clássico", se quisermos fixar a linha mental de Eça de Queirós. Ele é o equilíbrio, - ele é a medida. Pelo equilíbrio e pela medida a Grécia foi grande, o

---

[25] Charles-Marie Georges Huysmans. 5 de Fevereiro de 1848 – 12 de Maio de 1907. Escritor francês que usava o pseudónimo de Joris-Karl Huysmans.

Classicismo venceu. Eça podia bem ajoelhar nos degraus da Acrópole e exclamar para o alto: - "não se faz nada de grande na vida fora das regras que tu, ó deusa, ensinas aos teus iluminados!"

Mergulhando mais fundo as raízes da sua personalidade, Fialho de Almeida tira de si, pelo contrário, uma arte sensacionista em que às vezes parecem ressurgir as velhas possessões dionisíacas. O seu processo é um processo de *vibração*, - e não de *definição*. O que há de maior na sua obra dirige-se sobretudo aos sentidos e flutua frequentemente em ondas indecisas de alucinação ou de sonho. Temos que contar em Fialho com a interferência de um elemento subjacente que nos obrigaria a lançar mão das teorias do inconsciente filosófico para lhe procurarmos a incógnita de uma maneira satisfatória, se o trabalho recentíssimo de Léon Daudet[26], - *L'Hérédo*, nos não resolvesse com toda a claridade esse curiosíssimo problema de psicologia.

Considera Léon Daudet na composição da personalidade humana dois princípios tão contraditórios como preponderantes: - o *soi* e o *moi*. No *soi* traduzem-se as aquisições deliberadas da nossa vontade, - aquilo que constitui o conteúdo próprio da consciência e que pelo nosso esforço nos individualiza e atribui autonomia. No *moi* encarnam-se, opostamente, as solicitações hereditárias que sem cessar nos sacodem e determinam numa subjugação dolorosa de autómatos. Assim para Léon Daudet a obra de arte *"est souvent un effort personnel de l'individu, en vue de se délivrer de la foule de personnages qui le hantent, empruntés à son ascendance"*. Debaixo deste ponto de vista crítico Eça de Queirós realiza um *soi* triunfante, emancipado de todas as obsessões ancestrais. É donde lhe vem a firmeza do juízo, o lance rapidíssimo da retina. Da estirpe dos Shakespeare, dos Balzac e dos Camilo, Fialho representa um outro tipo, inteiramente antagónico. Fala-lhe nas veias um mundo irrequieto de fantasmas, de que o escritor se liberta, libertando-os a eles na histeria frenética das suas largas evocações.

Como para um místico da Idade Media, a realidade só vale

---

[26] Léon Daudet, 16 de Novembro de 1867 – 30 de Junho de 1942. Jornalista e monárquico.

para Fialho como o sinal visível de um oceano rumoroso de vozes e de sons, de que o escritor possui o enigma. Certamente se lembram das páginas supremas do *Violinista Sérgio*. Pois não se esqueceram então como, partindo insensivelmente de uma taverna escura da Mouraria, o escritor se perde e embrenha no universo agitado das suas imagens e dá connosco dentro em breve à margem de rios fantásticos, com o Diabo alongando-se em cavalgadas de pesadelo por sobre canaviais recortados em lucilações fugitivas de enxofre.

Ao contacto de um tema sugestivo, a ancestralidade de Fialho acordava, poderosa, atirando para a nitidez da criação literária todo o cortejo de pavores amassados durante séculos na sensibilidade familiar do escritor. Fialho apercebia-se do fenómeno, quando afirmava: - "Entanto é certo que eu não fantasio, ao escrever *que vi uma forma escarlate enredar, nas suas espiras sinistras, a mulher*". O reparo de Fialho justifica a opinião de Léon Daudet, que considera a obra de arte, espontânea e genial, como *"une émission de ces hôtes intérieurs, reliés les uns aux autres par dês circonstances plus ou moins forgées, logiquement déduites de leurs contrastes"*. Fialho é assim uma contínua revivescência de sentimentos tumultuosos que são mais dos seus mortos do que dele propriamente. Recorda um purgatório confuso em que tudo se agita e nada se contorna. Os efeitos mais intensos da sua pena são sempre, - ou de um claroescuro de limbo, como no *Enterro de D. Luís;* ou, como nos *Ceifeiros*, de um excesso nervoso de cor, em que a noção da verdade se esbate, para dar lugar à intervenção de um picturalismo debochado de manicómio. De um modo ou de outro, verifica-se a presença constante desse elemento subjacente, em que a personalidade de Fialho aloja as suas raízes vitais.

Não é necessário colocar Fialho entre os primeiros, porque é lá naturalmente a sua posição. O que se nos impõe a nós que o praticamos em sincero afecto de espírito é compreendê-lo e fazê-lo estimar em toda a maravilhosa abundância do seu temperamento. Entre nós não se compôs ainda uma espécie de breviário em que se condensasse, pelo que respeita ao património das ideias, a herança intelectual da última geração, - da que, apesar do seu negativismo nefasto, soube ser *geração*. Faltam a Portugal os seus *Ensaios de Psicologia Contemporânea*.

Manifestamente que resulta daqui um juízo errado dos nossos escritores, - daqueles que em verdade pesaram nas direcções mentais do seu país. Não me proponho eu agora encarar Fialho através de semelhante propósito. É-me contudo agradável chamar a apreciação da sua obra para um terreno fora do alcance das interjeições pasmadas dos seus admiradores oficiosos.

Se há momentos em que desespero dos destinos da nossa pobre terra, é exactamente por via da crise de inteligência que ela padece, já com ares assustadores de doença crónica. Nas coisas literárias e artísticas a desgraça sobe de mal a pior pela formação exclusivamente jornalística dos senhores e donos do mito, cada vez mais vago, que se costuma alcunhar de *cultura nacional*. Para aumento dos nossos pecados, a avariose política acabou de obliquar a percepção restrita desses profissionais da Ignorância.

As consequências contemplaram-se nos comentários bastante elucidativos com que se acompanhou o regresso de Ramalho Ortigão ao Catolicismo e à Monarquia. Continuamos fechados às aspirações profundas do nosso tempo pelo mais desastrado dos respeitos românticos a não sei que velharias ideológicas que já encerraram o seu curso. Não é de estranhar por isso que a leitura dos nossos escritores permaneça sem um roteiro que destrince neles o que é ocasional e momentâneo do que constitui realmente a sua parte definitiva e sempre actual.

A tão longe chegou o desvario individualista que nós, - os da camada mais recente, quase que rompemos os vínculos que em tantos pontos nos ligam aos nossos imediatos antecessores na representação da mentalidade portuguesa. Para me referir a dois ou três exemplos, só as suas tendências destrutivas se lhes aproveitam e propagam. É tristeza verificar-se que não existe em Portugal um sentido nacionalista dos nossos escritores! A Eça e a Ramalho obrigaram-nos à viva força a figurar de arautos de uma nova era em que tudo se esboroou na mais sacrílega das profanações, desde o acatamento rudimentar da Tradição até à hierarquia inata da competência e dos merecimentos! O que vale é a profecia de Eça a propósito do suposto espírito revolucionário de Ramalho! O que vale é o testemunho de Ramalho nas *Últimas Farpas* sobre as intenções iconoclastas das suas campanhas fortes de sagitário! Tomou-se-lhes, porém, o lado episódico, meramente acidental, para não se atender ao alto desejo de renovação que já inflamava aquelas iras honestas. È o mesmo que sucede com Oliveira Martins, perpetuado unicamente nos resultados funestos da sua acção negativa. Não se sabe assim que há dois Oliveira Martins. Há o Oliveira Martins, trabalhado por um hegelianismo confuso, a quem os piores vícios criticistas levariam ao desmentido dos fundamentos seculares da Pátria, - e o Oliveira Martins, formado economicamente pelas influências sociais de Lassalle e rectificado nos seus exageros doutrinários pelos ensinamentos históricos de Mommsen. Do segundo Oliveira Martins deriva o demolidor do Liberalismo nas adivinhações formidáveis do *Portugal Contemporâneo* e o político construtivo do *Projecto de lei sobre o Fomento Rural* e do apelo ao poder pessoal do Rei.

Ora o que sucede com Oliveira Martins sucede, como vimos, com Eça de Queirós e com Ramalho Ortigão. A Eça festeja-se-lhe somente a mordacidade implacável da observação e, em vez de o olharem como um moralista que marca a ferro em brasa o tartufismo podre da nossa sociedade ultra-romântica, pouco falta para que o não inculpem como um autor pornográfico, lido às ocultas, com sabores proibidos de maledicência secreta. Por seu lado, a Ramalho Ortigão apontaram-no como um desertor e como um apóstata, no desconhecimento absoluto do que seja psicologicamente uma conversão, - que outra coisa não é senão a aceitação, pela experiência, do valor de certas verdades indiscutíveis, como a Religião e a Monarquia, ao clarão das quais Balzac tanto se enobrecia de escrever. O critério político de partido, suplantando o critério moral de nação, abastarda e desvirtua tudo neste desordenado país! Fialho sofreu-lhe também o ódio que não perdoa, quando dentro de si, numa hora grave, se procurou reconciliar com as razões eternas da sua personalidade.

É, pois, com a preocupação nacionalista de lhe determinar o

seu verdadeiro significado social que eu reputo a obra de Fialho mais como uma obra de *vibração* que de *definição*. Fialho, sendo fundamentalmente um impressionista, ou intervinha por um instinto de bruxo no âmago das coisas, ou se ficava marginalmente a olhar para elas, suprindo em imaginação o que lhe não crescera em penetração. Em Fialho a observação é assim deformada pelas poderosas faculdades de projecção interior do escritor, sempre que não é viciada pela forte natureza literária da sua sensibilidade. Eis o motivo por que Fialho não consegue nunca levantar figuras que pertençam à realidade de todos os dias, - que sejam o pão quotidiano da lufa-lufa vulgar. Ou a exuberância do cenário lhe dá indirectamente o conflito das almas, como no formidável conto *Os Novilhos;* ou então um secreto e mal disfarçado romantismo o ajuda a traçar a extraordinária transparência da sua *Madona do Campo Santo*.

Eu disse: um secreto e mal disfarçado romantismo. Efectivamente, com a parte diminuta que a apreensão intelectual exerceu na obra do escritor, Fialho teria sido um comovido, um arrebatado – um *sentimental*, por que não escrevê-lo? -, se o seu rude temperamento aldeão o não impelisse por preocupações de *realismo* para a expressão plebeática e para o sarcasmo violento. Em todo o caso, o impressionista predominou nele. E é ao impressionismo que Fialho deve a posse dos melhores recursos do seu estilo. Tais são as qualidades e os defeitos do escritor. Verdadeiro vagabundo de espírito, Fialho encarnava em si, na máxima intensidade, o irrequietismo nato do maltês da charneca alentejana. Adaptado à Cidade, a Cidade não desbastou em nada a sua estranha fisionomia de valdevinos das Letras. Como um parentesco misterioso liga o pobretão errante dos montados do meu Alentejo ao caminheiro sem destino das estepes russas, existe também por vezes em Fialho uma afinidade trágica que tragicamente o aproxima dos personagens dantescos de Máximo Gorki[27]. Lembra-me agora, no *País das Uvas*, o conto *Pobres*, que é alucinante de miséria e de animalismo.

---

[27] Máximo Gorki, Nijni Novgorod, 28 de Março de 1868 – Moscovo, 14 de Junho de 1936. Escritor russo.

"Cavas, opressas, ouvem-se as respirações suflar bestialidade, e de ambos os dois as sedes são vorazes, e o resfôlego das duas máquinas irmana-se, rimando os urros e sofreguidões das suas virgindades envelhecidas s pontapés, sob os desdéns carnais de toda a raça humana". E mais adiante no conto *A Velha* e no conto *Idílio Triste* é o mesmo cantochão de revolta e de enternecimento, aquecendo na brasa do desejo os bocados dispersos de tanta vida sem centro. Maltês de faísca, em Fialho havia a sentimentalidade de criança e a cólera de deserdado que há no vadio dos grandes descampados. Assentemos neste aspecto. E eu creio que é quanto nos basta para se rasgar uma janela ampla sobre a personalidade contraditória de Fialho de Almeida.

De resto, o que em Fialho não foi espontâneo não chegou a ser *verdade,* porque não passou de ser *literatura.* O *Antiquário* é, por exemplo, uma reminiscência de Balzac na *Eugénie Grandet.* Ao longo de outras páginas do *País das Uvas* passa com frequência o Alphonse Daudet das adoráveis *Lettres de mon moulin.* O escritor nunca se empenhou em completar o seu temperamento. Pergunta-se de toda a parte porque é que Fialho não nos deixou um romance. Um romance é um estudo de caracteres, é uma operação serena e lógica de pura análise. Fialho não podia ser, por condição estrutural, um romancista, porque, sendo apenas um *intuitivo,* faltava-lhe o soberano equilíbrio da inteligência. Acontece até que o escritor, ou se comprazia em cultivar a sua anarquia emotiva, ou nunca abrangeu nela a causa primacial das dissociações constantes que lhe fazem da obra uma série de fragmentos de génio. Se precisássemos de provas, seria uma prova terminante e inabalável o catálogo publicado da sua livraria.

É principalmente o impressionismo literário que prende as atenções de Fialho na escolha dos seus livros. A história da arte espanhola interessa-o igualmente, - e com aplicado enlevo. É até o único intuito concretizado na biblioteca desencontrada do escritor. Quanto ao mais, são livros e sempre livros, são livros ao acaso, sem a linha metódica de um pensamento, de um fim, - de uma ideia. É o pensamento, é o fim, é a ideia de que a obra de Fialho carece em absoluto. Por essa falta, tendo-a já perscrutado, mas não tendo já coragem para a reparar, Fialho conheceria nos últimos dias da sua vida uma amargura estranha, - a amargura de uma cumplicidade bem intencionada.

Folheando atentamente o catálogo dos seus livros, de onde em onde surge-nos o *Outre-mer* de Bourget, os *Essais de psychologie contemporaine* e *Le Disciple,* do mesmo escritor. Aparece Taine completo nas *Origines de la France contemporaine,* mas não vemos Renan na *Reforme intellectuelle et morale.* De Maurras existe um livro apenas, - e quase de literatura exclusiva. É o volume de notas de viagem – *Anthinéa.* Numa desproporção esmagadora, seguem-se estantes e estantes de romancistas, alternando com certa filosofia, - a filosofia *fin du siècle,* edição Félix Alcan, brochura verde. Avalia-se por isto com nitidez a crise orgânica da inteligência do escritor. Fialho padecia as consequências do seu romantismo congénito, agravado pela revolta sentimental de uma infância pobre e oprimida. Caindo ao depois num curso superior, a mentalidade de Fialho reagiu contra a mentalidade oficial da Escola. A Escola vestiu-lhe, porém, o colete de forças do racionalismo que então alcançava sucessos de verdade definitiva nos circunscritos mundos universitários. Fialho médico ressentiu-se assim no Fialho escritor da influência perniciosa dos trabalhos de psicoanatomia em que o espírito materialista foi fecundo de 1875 para cá. Com que fundamento Léon Daudet nos fala da *"lourde sottise matérialiste de la seconde moitié du dix-neuvième siècle par que furent gâchées de belles intélligences".*

A inteligência de Fialho pode incluir-se nesse número. As asas da sua pequena *Psyche* impeliam-no irrequietamente para a revoada espiritualista. Mas não lhe consentia um voo desabafado o niilismo intelectual do escritor. Daí o constante desequilíbrio da sua emoção, ora cedendo aos processos brutos de Zola[28] nas descrições animais da vida inferior, ora abandonando-se a puras divagações de fantasia, quando o tomava e abrasava mais a sede de infinito que a

---

[28] Émile Édouard Charles Antoine Zola. Paris, 2 de Abril de 1840 – Paris, 29 de Setembro der 1902. Escritor francês.

todo o custo se lhe mantinha na alma.

É este o Fialho, homem de letras, na sua biografia moral e mental. No entanto, apesar da formação anárquica da sua inteligência e do seu sentimento, eu seria injusto se não descobrisse lá bem no fundo do escritor notáveis desejos de construção. Os correligionários passageiros de uma véspera já distante apontaram-no como um renegado às vaias públicas, porque Fialho à volta de 1908 se colocou resolutamente ao lado da política antiparlamentar do ministério João Franco. Não lhe perdoaram nunca - nem na morte! - os companheiros de algum dia, essa espécie de deserção. Todavia, nada mais ordenado nem mais coerente em Fialho, - em Fialho, a encarnação mais viva das coisas descoordenadas e incoerentes! É que o republicanismo de Fialho, sendo o republicanismo de 91, tinha fortes predilecções ditatoriais, como se manifestam ainda em Basílio Teles, - como o próprio Basílio Teles as manifestou por ocasião da segunda ditadura franquista. Não era um republicanismo de *acção,* era antes um republicanismo de *reacção*. Não se apresentava como um *fim,* - com o fim de realizar a niveladora aspiração dos Imortais Princípios. Mas apresentava-se como o *único* meio possível de restaurar a noção perdida do interesse e da consciência nacionais, contra o predomínio desaforado das diversas oligarquias do regime constitucionalista. Não conheceu outras inspirações o republicanismo teórico de Ramalho nas *Farpas*. Vem da mesma fonte o republicanismo iluminado dos obreiros da *Portugália*. Compreende-se já por aqui o desalento de uns e o regresso da maior parte.

A Fialho não escapara a causa principal da ruína pátria. Diagnosticara-a com lucidez na plebe faminta dos partidos políticos, nos desperdícios sem conta nem medida dos bodos burocráticos e das sarabandas eleitorais. Tocava-se com um dedo amestrado de cirurgião na raiz aguda do mal. O que lhe faltou foi uma visão clínica exacta, para apreciar nos menores detalhes a curva histórica da doença. Fialho aproxima-se, deste modo, de Oliveira Martins, de Eça de Queirós, de Ramalho Ortigão e até do próprio Antero. Não recebera, porém, como eles, as impulsões filosóficas do radicalismo semi-orgânico de Proudhon[29]. Eis porque Fialho não pôde elevar-se vitoriosamente sobre os seus preconceitos sentimentais, fortalecidos por um temperamento excessivamente romântico e pela lembrança do seu nascimento quase miserável. Mas, se Fialho se não projectou tão largo na aceitação superior dos factos, quando morreu El-rei D. Luís, um comentário amargo deixou bem à mostra as intimidades do seu pensamento.

Verificara Fialho que o parlamentarismo falia entre nós, embora não falhasse, segundo ele, "por mau regime, mas porque não há fórmulas eficazes para nacionalidades caducas como a nossa".

A ausência de uma doutrina positiva levava Fialho a confundir o efeito com a causa. Mas, se nisso o escritor se atraiçoava lastimavelmente, já não acontecia o mesmo ao examinar o espectáculo que lhe ia à volta. E num arremesso de imprecações delirantes, com todas as cabalas da comédia burguesa do Constitucionalismo exaurindo o País e derrancando a consciência colectiva posta já num farrapo, Fialho legou-nos um rugido profético que as gerações novas de Portugal nunca deverão esquecer para que nunca ele se torne uma verdade dolorosa para a Pátria. "Virá um dia em que o povo desnaturado por todas as lições de compra e venda, farto de ludíbrios e vexames – exclama a ira sagrada do panfletário -, abdique por fim do seu ideal de autonomia, perca a noção do solo, encha de excrementos as páginas da História... e permita Deus que o não ouçamos bramir, com desesperada voz, aos ecos da fronteira: - Livrem-me desta canalha que me fez odiosa a liberdade, que em paga disso aqui lhes ofereço a minha servidão!".

Entristece e pesa como uma manápula de ferro a desgrenhada indignação de Fialho. É um depoimento negativo, cheio de preocupações de suicídio nacional. Todavia, por anormal que pareça, ele contém já em si o embrião que, desenvolvendo-se e ganhando corpo, há-de no futuro trazer Fialho às portas do tradicionalismo político. Fialho estaria hoje lá, se a morte o não colhesse de chofre, talvez compadecida pelo cair das últimas folhas das suas ilusões

---

[29] Pierre-Joseph Proudhon. 15 de Janeiro de 1809 – 19 de Janeiro de 1865. Francês, fundador do Anarquismo.

raquíticas. Eu me explico, porque não quero que me imaginem cultivando o paradoxo sobre a impassibilidade de uma pedra mortuária.

Com a sua natureza pródiga de camponês, Fialho não se refugiou jamais na calma céptica dos jardins de Epicuro. Amava as posições de combate, por afirmação da sua personalidade abundantíssima. Assumiu-as destemidamente contra o nosso romantismo parlamentar, por desgraça identificado de mais com as instituições monárquicas. À base, as suas pelejas democráticas resultam antes como puros trabalhos contra-revolucionários. Já assentámos no carácter teórico do republicanismo nacionalista da sua época, em nada enfeudado às abstracções ideológicas da Revolução Francesa, - em tudo assustado com os destinos obscuros da nacionalidade. Di-lo-ão, melhor do que eu, algumas passagens típicas da *Revista de Portugal*. São do segundo volume, a páginas 829 e seguintes, num artigo notabilíssimo, - *Novos factores da política portuguesa*, assinado modestamente por *Um espectador*. "Um tal desenvolvimento de republicanismo é obra recente destes últimos anos, - observa-se aí. E a sua causa tem sido simples e unicamente o descontentamento: isto é, o partido republicano tem-se alastrado, não porque aos espíritos democratizados aparecesse a necessidade de implantar entre nós as instituições republicanas como as únicas capazes de realizar certos progressos sociais – mas porque esses espíritos sentem todos dos dias uma aversão maior pela política parlamentar, tal como ela se tem manifestado, com o seu cortejo de males, nestes derradeiros tempos". E, sem levantar a pena, *Um espectador* continua: - "O partido republicano em Portugal nunca apresentou um programa, nem verdadeiramente tem um programa. Mais ainda: nem o pode ter, porque todas as reformas que, como partido republicano, lhe cumpria reclamar já foram realizadas pelo liberalismo monárquico. De sorte que se vai para a república ou se tende para ela, não por doutrinarismo, por urgência de liberdade e de instituições mais democráticas, mas porque numa já considerável parte do País se vai cada dia radicando mais este desejo: *antes qualquer outra coisa do que o que está*".

Chegamos agora ao lado verdadeiramente interessante do testemunho de *Um espectador.* Traindo o seu pensar íntimo, *Um espectador* acrescenta, inalterável e firme: "Esta é a mais recente e desgraçada fórmula política da Nação. É a fórmula que se ouve repetida por toda a parte onde dois homens se juntam a comentar as coisas políticas. Ora que pode ser *essa outra coisa*? Não pode ser o governo pessoal para que apenas se inclinam alguns espíritos superiores, mas odioso à generalidade da Nação, de todo democratizada, ou antes, irremediavelmente impregnada de liberalismo. Tem pois, na ideia dos descontentes, de ser a república, uma república que, eliminando, pelo mero facto do seu triunfo, todo o pessoal do parlamentarismo e as suas práticas, proceda, sem desatender os interesses conservadores, a uma organização administrativa e económica da Nação. Essa reorganização parece-nos a nós, conservadores, que poderia ser realizada dentro da monarquia. Mas os descontentes respondem que a monarquia se acha inevitavelmente vinculada e soldada a esse passado de constitucionalismo, cuja incompetência e corrupção eles julgam ter sido superabundantemente comprovadas em anos já longos de desgoverno; que resta portanto uma única solução, a república: e que o momento vem chegando de salvar por esse meio o País, que já não pode ser salvo pela monarquia."

Eu não me demoro a demonstrar a quimera de uma república nascida para remediar entre nós as consequências do sistema parlamentar, que pela força própria das circunstâncias se veriam agravadas. Nem tão-pouco destaco o desejo de uma intervenção enérgica do poder central que a um grupo reduzido de gente culta se revelava já como o único processo de se acudir eficazmente ao mal que nos corroía. O que me importa é definir em termos precisos o republicanismo de Fialho de Almeida. Esse republicanismo está psicologicamente contido nas razões políticas enumeradas pelo artigo da *Revista de Portugal*. Ora as enfermidades públicas não melhoraram, nem pela ameaça do 31 de Janeiro, não obstante as iniciativas dedicadas que a hora aguda da crise convocou parta a obra comum do revigoramento da Pátria. Faliu a tentativa grandiosa de Oliveira Martins, - e faliu na incompreensão geral, debaixo de uma chuva de epítetos infamantes.

Os anos correram no desaforo crescente das insignificâncias doiradas que o partidarismo alçava quotidianamente a uma omnipotência irresponsável. A pouco e pouco, a lento e lento, Fialho *completou-se*. Fialho *pormenorizou-se*. Quem sabe o impulso que lhe dariam para isso o Taine e o Bourget da sua livraria? O que eu sei é que o apoio de Fialho à desgraçada e desastrada ditadura franquista de 1907-1908 não é senão a conclusão legítima do seu republicanismo, mais antiparlamentar que democrático e revolucionário. Fialho emprestou à iconoclastia jacobina reforços de alto talento, sem dúvida. Mas ele lavou-se a tempo, e com que nobreza!, no *Saibam Quantos...* das responsabilidades que porventura lhe pertencessem na derrocada final. Tomando para o problema nacional a instrução especializada e técnica como fundamento essencial, ainda aí Fialho se agarra sofregamente à *Democratie vivante,* de Deherme[30], para se justificar, para se reconciliar consigo mesmo. Mais um passo, - e Fialho sentir-se-ia transfigurado ao alcançar na contemplação das grandes verdades tradicionais o acordo definitivo da sua inteligência com a sua impulsividade. Esse passo não o deu Fialho. A morte é que o deu por ele. O seu martirológio – cuspido, difamado, desterrado – é o martirológio de uma geração que, nascida no erro involuntário, no erro involuntário morreu e viveu, unicamente para o expiar!

Aprendamos nós a meditar em Fialho o horror de uma existência em que adormecem todas aquelas ideias que se bebem com o leite, que se transmitem pelo sangue e que são o elo fecundo e vivo que liga os homens entre si. Pela tragédia angustiosa de Fialho nós compreenderemos melhor como é que um Balzac se sentia senhor do seu destino ao proclamar bem alto no prefácio célebre de *La Comédie Humaine* que escrevia ao clarão de dois princípios eternos, - a Religião e a Monarquia. O calvário de Fialho é no domínio das letras a confirmação silenciosa das palavras austeras desse seu irmão mais velho no génio e na glória. Faltaram-lhe as

---

[30] Louis Deherme. 1743 – 1778.

certezas inatas e indiscutíveis, fora da regra das quais ninguém se consegue possuir. No momento supremo da decisão, Fialho olharia para trás, para só achar o vazio, - um vazio pavoroso, sem remédio... É então que a morte se compadece dele cerrando-lhe as pálpebras misericordiosamente.

Conta-se que José Falcão, desiludido e experimentado, exclamara pouco antes de morrer: - "Se a Monarquia pode salvar a Pátria e restaurar as forças deste pobre país, que o faça! Nós não lhe pedimos mais!". Nas páginas derradeiras de Fialho é o pensamento alevantado que perpassa. No *Saibam Quantos*, o trecho *A Morte do Rei* é assim uma confissão geral que repõe o escritor na serenidade da justiça e do arrependimento. Custou-lhe os apupos da rua, que se alevantou contra ele com todo o peso das suas calçadas. Mas Fialho, impassível, buscou no seu arsenal de sagitário licenciado algumas frechas esquecidas. Apurou-as com o aprumo antigo e com o aprumo antigo fez de franco-atirador numa campanha em que o primeiro a aparecer foi ele, - o velho demolidor das Tiaras e das Coroas! E lá longe, no cemitério aldeão em que o escritor repousa debaixo do grande céu alentejano, a sua lousa tumular está esperando ainda que lhe gravem como epitáfio um único grito: - o Vae victoribus! - tremendo de todos os sacrificados.

*

Segue-se a figura de Antero de Quental, nas suas lutas pela definição dos caminhos certos, entre as muitas correntes de pensamento, preocupado com a falta de um ideal colectivo.

Escreve António Sardinha:

Ao concluir nos *Essais de psycologie contemporaine* o seu notabilíssimo inquérito sobre a depressão moral da França moderna, Paul Bourget era obrigado a reconhecer experimentalmente que a crise profunda de que o seu país enfermava não tinha outra origem senão no esquecimento sistemático das grandes verdades tradicionais.

O pessimismo estudado por Paul Bourget, através dos tipos

mais representativos da mentalidade francesa, levava-o assim a aderir com inteira aceitação de espírito aos princípios proclamados, em posições tão diversas, por um Balzac, por um Le Play e por um Taine. Essa base positiva do seu regresso às fontes religiosas e políticas da Contra-Revolução não tardou a consagrar-se nos domínios da crítica psicológica como o único método dispondo de reais possibilidades científicas. À sua luz é que nós precisamos de encarar também, na história pregressa das nossas doenças sociais, a causa oculta do mal, que já entra em Portugal felizmente a caracterizar-se para muita atenção esclarecida pelas mesmas razões que há trinta anos tornaram célebre a reputação nascente de Bourget.

Segundo o processo empregado por Bourget, o que se nos impõe como imperiosamente necessário é classificar e inventariar as emoções e as ideias legadas à nossa geração por aqueles que a antecederam e prepararam no terreno da pura formação intelectual. Depois que a extraordinária intuição artística de Garrett, seguida de perto por alguns aspectos imorredoiros da obra de Herculano, naufragou sem sucessores que a mantivessem com nobreza na balbúrdia sentimental do nosso arrasto ultra-romantismo, é, sem dúvida, em Antero de Quental e nos seus amigos que nós encontramos um pensamento literário e filosófico revestido da preocupação evidente de imprimir direcções ao seu tempo e à nossa sociedade. Quando nada mais houvesse para o testemunhar, bastava-nos o propósito que inspirou as célebres *Conferências do Casino* e a meia dúzia de linhas enérgicas do seu programa demolidor, ainda não esquecido de todo.

"A decadência nacional é o grande facto inexorável da nossa História, vai em três séculos; a decadência literária é uma forma dela, nada mais", - observava Antero em 72, apreciando o ensaio de Oliveira Martins *Camões, os Lusíadas e a Renascença em Portugal*. E a seguir o poeta esclarecia: - "Decadência irremediável? Pergunta o Sr. Oliveira Martins nas últimas páginas do seu livro. Não! Responde-lhe a filosofia revolucionária. A nossa renovação moral e literária será possível no dia em que, pela reforma das instituições sociais, por uma nova e melhor compreensão da justiça, comece outra vez o espírito a circular neste grande corpo, mais inerte ainda do que acabado, volte a animá-lo uma alma, um ideal colectivo". O ideal colectivo, desejado por Antero, era o ideal messiânico do seu ingénuo humanitarismo. O Poeta punha o dedo na chaga, ao diagnosticar-nos, com clarividência absoluta, a falta de uma finalidade. Mas errava de antemão a cura, quando, conduzido pelas ideologias dominantes na sua época, imaginava o nosso resgate possível por obra e graça desses mesmos mitos que, falidos em 48, acabariam de abortar sinistramente, entre clarões macabros com os incendiários enraivecidos da Comuna.

Cheio da sua imensa fé na Revolução – *in Ecclesia Revolutionis*, como ele tanto gostava de dizer -, Antero entendia, a seu modo, que as artérias imóveis de Portugal se rejuvenesceriam ao contacto violento das tendências radicais de que a marcha do século ia repleta. A influência de Antero fez-se depressa sentir, - e tão profundamente, que numa hora em que apenas o partidarismo governava as aspirações e as vontades, ao seu lado se constituiu logo um núcleo de homens moços, destinados mais tarde a uma tentativa de alcance largo no campo da política portuguesa. Não tocaremos nos detalhes da existência agitada de Antero, - nem nas suas ligações com a *Internacional*, nem nos seus planos fantasiosos de *União Ibérica*. Vítima dos erros funestos do seu socialismo inflamado e generoso, Antero procurava redimir Portugal pela nossa transfusão numa pátria feita de todas as pátrias, de que a Humanidade seria a consciência palpitante e eterna. Mas com isto não suponhamos Antero um jacobino estreito, um sectário sem elevação!

Pela primeira vez entre nós, no drama de uma inteligência, se vivia e agitava o drama de um século inteiro, na sua ânsia de emancipação e na sua simultânea impossibilidade reconstrutora. Daí o pessimismo de Antero, que não é de forma nenhuma a afloração de um temperamento psicopático, mas a resultante natural de um espírito envolto no tremendo conflito em que o seu tempo se debatia. Organização raríssima de afirmativo, é uso e costume descrever-se Antero como um semilouco, levado aos encontrões da nevrose, na tortura pardacenta do seu tédio insaciável. Consagrou-se o lugar-comum, porque ninguém soube relacionar a tragédia mental de Antero com as correntes contraditórias a que baldadamente a sua cultura tantas vezes pediu a desejada unidade. Vê-se Antero apenas em relação ao nosso meio, como o *cache-nez* do duque de Ávila ditando a lei e as cigarras do velho Castilho regulamentando o gosto.

 Na ausência total do mais rudimentar senso crítico, o caso Antero, destoando das falácias superficiais de uma literatura de candidatos à prosápia veneranda de Acácio, passou a ser interpretado pelos mais avisados, - ou como o produto da sua neurastenia extrema, ou então como a sobrevivência de não sabemos que recuados atavismos nórdicos.

 A saúde precária do Poeta, de mistura com algumas estouvanices da mocidade, serviu de fundamento a esse combalido juízo, a que veio trazer um reforço de estrondo o seu fim desgraçadíssimo. Eram os mitos cientistas de Lombroso actuando entre nós! Não se compreendia que as predilecções filosóficas de Antero amargurassem uma inteligência colocada, por especiais condições de desenvolvimento, no fundo convergente da excitação doutrinária da sua época. O pessimismo que logicamente derivaria dessa babilónia confusa ainda se percebeu menos. E a gente abre aquele compacto *In Memoriam* e, afora algumas luminosas páginas de evocação pessoal: nada há ali que nos levante com verdade e com transparência, senão num traço ou noutro, a figura, por enquanto tão mal estudada, do crucificado moral dos *Sonetos*.

 Ora, na sua fórmula simples, sem patologias escusadas, o *pessimismo* de Antero é o *pessimismo* que magnificamente Paul Bourget examina nos seus *Essais de psycologie contemporaine*, ao ocupar-se, entre tantos, do exemplo típico de Amiel. Não faltou a Antero a acção corrosiva da análise, contagiada pelos pensadores protestantes à sua rica sensibilidade de meridional, bem entretecida por uma sólida estratificação católica. Desta maneira, não é necessário irmos tão longe, - à costela remota dos Bethencourts, reis das Canárias, nem à novela peregrina de um suposto *escandinavismo*, para que Antero francamente se nos descubra no segredo difícil da sua personalidade. Não confundamos tão-pouco as inquietações nobilíssimas do seu pensamento com a marcha irregular das suas digestões! Muito em voga num período em que o materialismo triunfava nos meios científicos e literários, semelhante critério repele-se hoje, por arcaico e por caricatural. Na insatisfação do seu criticismo, Antero sofreu o *mal da inteligência,* com todas as formas de tristeza e diminuição de vontade que estruturalmente o caracterizam. De uma farta linhagem de místicos, Antero tinha a necessidade da crença, - a sede ardente do Absoluto. Perdidas as convicções inatas que se recebem do sangue e do leite, em vão bateu a todas as portas, chamando pela Esperança, que dentro dele teimava em agitar sempre a sua asa de pequena Psyché tiritante.

Para se ajuizar de Antero, é ainda Antero o melhor testemunho a escutar-se. "O facto importante da minha vida, durante aqueles anos, e provavelmente o mais decisivo dela – confessa Antero na *Carta autobiográfica* a Wilhelm Storck, referindo-se à sua entrada na Universidade -, foi a espécie de revolução intelectual e moral que em mim se deu, ao sair, pobre criança arrancada do viver quase patriarcal de uma província remota e imersa no seu plácido sono histórico, para o meio da irrespeitosa agitação intelectual de um centro onde mais ou menos vinham repercutir-se as desencontradas correntes do espírito moderno. Varrida num instante toda a minha educação católica e tradicional, caí num estado de dúvida e incerteza, tanto mais pungentes quanto, espírito naturalmente religioso, tinha nascido para crer placidamente e obedecer sem esforço a uma regra reconhecida. Achei-me sem direcção, estado terrível de espírito, partilhado mais ou menos por quase todos os da minha geração, a primeira que em Portugal saiu decididamente e conscientemente da velha estrada da tradição".

Com um admirável poder de desdobramento e de destrinça, assim Antero de Quental equaciona o seu problema em termos iniludíveis. É como Bourget encara também esta espécie de "náusea universal", cujo negativismo obscurece cada vez mais os horizontes carregados da civilização. Efectivamente, na perda completa das certezas adquiridas pela fé e pela experiência ancestral, é que implanta as suas raízes o cepticismo contemporâneo.

Muito ao contrário do que se imagina, vagueando embora por uma floresta de névoas e subjectivismos cerrados, Antero não chegou nunca a ser um céptico. A sua angústia derivou exactamente da incompatibilidade da sua consciência de afirmativo com as soluções estéreis de quanto filósofo frequentou, na sua vida nómada de pesquisador de Todo-o-Saber.

Acentuámos já a boa proveniência mística de Antero. Sempre agarrado ao seu subconsciente, o misticismo não o deixou naufragar nas seduções niilistas de qualquer livre-exame de ocasião. É que o misticismo, tantas vezes invertido, tantas vezes despolarizado na sua essência, constitui sempre, no fundo do indivíduo, uma vasta possibilidade de ressurreição para os seus valores morais e mentais adormecidos.

Não se verifica outra coisa em Antero. O seu próprio pessimismo, nascido da prática larga da metafísica alemã, não é para ele um fim, - não é de maneira alguma uma solução. Onde Antero está bem vivo, nos traços vigorosos da sua extraordinária psicologia, é na sua *Correspondência*. Mais do que nos *Sonetos*, mais do que em tanto farrapo avulso do seu poderosíssimo génio, é ali que Antero nos aparece, tal como ele foi, fundamentalmente diverso das composições literárias que lhe adulteraram a figura, cercando-a de uma falsa lenda de desespero e insubmissão.

Ouçamos o que Antero diz do pessimismo a Jaime de Magalhães Lima em data de 14 de Novembro de 1886: - "O pessimismo não é um ponto de chegada, mas um caminho. É preciso passar por ele, mas justamente para sair dele. O pessimismo é a redução ao absurdo do naturalismo e das mil ilusões filhas dele, ou para melhor dizer (porque não se trata de sistemas simplesmente), filhas do espírito humano na sua fase naturalista. Mas, sobre essas ruínas acumuladas pelo pessimismo, o que triunfa não é a negação, o que resta não é o vácuo. O que triunfa é o que fica, é aquilo que no homem não é já filho da natureza, mas superior a ela e autónomo: a vida da consciência e a sua mais alta expressão, o sentimento moral".

Quem traduzia uma tão profunda inquietação espiritualista,

nunca se acomodaria certamente aos baixos conceitos do racionalismo então no Capitólio. Sem hesitar, eu considero Antero um precursor das modernas filosofias da intuição. Sentindo-os amargamente, ele viu como ninguém os exageros dissolventes do racionalismo. E, como ninguém, procurou obter nas suas meditações de isolado e de contemplativo a aliança do Pensamento com a Acção. Ainda a Jaime de Magalhães Lima, Antero repararia: - "Diz algures o Renan que na procissão da humanidade o filósofo é que vai na frente, e depois o homem de acção. Eu não penso assim, e mais sou filósofo! E parece-me que o Renan peca, como tanta gente boa (é uma doença do século) por aquilo a que o Lange chamou o *excesso do princípio da inteligência*. Quem vai na frente é o santo, filósofo a seu modo, como os que o são, o homem de acção por excelência, por isso que a sua acção é toda no sentido do bem. De resto (e era isso que eu quisera dizer ao Renan), os que fundaram as coisas vitais da sociedade tinham muito mais de santos, quando o não eram completamente, do que de filósofos".

    Documentado com esta significativa passagem de Antero o seu anti-intelectualismo, não nos admirará muito que o poeta chegasse quase à concepção do *homem-interior,* que, por um lado, a Igreja nos oferece e, por outro lado, o pragmatismo nos confirma. "Não me agradou o livro do Nordau, - comunicava Antero a Oliveira Martins, escrevendo-lhe de Vila do Conde em 1890. – Tantas ilusões, tanto optimismo e tão pouco espírito crítico em sujeito que se apresenta como o representante da razão *científica*, em face das *mentiras* da sociedade actual, chegaram a irritar-me. De resto parece-me homem muito moço, e nesse caso tem alguma desculpa; mas sempre queria dizer ao Sr. Nordau, para seu ensino, que não está tudo em se saber *cientificamente* que uma coisa é errónea, para se condenar e sobretudo para se afirmar que pode ser substituída. Para isso era necessário que a mola real do homem e da sociedade fosse a razão teórica, e a sua preocupação principal a verdade. Mas a verdade humana não é a verdade científica. Os *científicos* não são capazes de compreender isto, exactamente como os *ideólogos* do século passado (com quem se parecem muito e julgo que para pior);

e, como o próprio de tais espíritos estreitos e sistemáticos é a persuasão e o optimismo atrevido, a sua influência será ainda mais nociva que a dos ideólogos, que ao menos partiam de princípios psicológicos. Decididamente a inteligência humana é fraca e acanhada de mais para poder compreender, dominar e governar coisa tão complexa como é o homem. O instinto, afinal, valia muito mais para esse fim. Infelizmente, o período do instinto passou, e é nisso justamente que está a crise: substituir, na direcção das coisas humanas, o instinto, que era suficiente, pela inteligência que parece insuficientíssima. Não vejo saída a este beco escuro".

Foi demorada a transcrição. Mas eu não conheço nada que melhor defina Antero como filósofo, ao mesmo tempo que mais seguramente nos inicie nas genealogias obscuras do seu sofrimento. Combativo por índole, homem de fé e de esperança, Antero pesava bem as consequências nefastas do intelectualismo. Certos resíduos evolucionistas deixados no seu espírito pela grosseira superstição do Progresso impossibilitaram Antero de encontrar no Catolicismo a incógnita da questão que tanto o ensombrava e suspendia. No entanto, não fugia a declarar a Oliveira Martins: - "O grande filósofo é a Humanidade e desse grande filósofo o melhor e maior sistema (por ora) é o Cristianismo católico. Há ali abismos de génio, uma visão prodigiosa dos mais largos horizontes ideais, e ao lado disto um senso prático, uma prudência admirável, um profundo sentimento da estranha combinação de grandeza e miséria que é a natureza humana, de tal sorte que quem não conhece e compreende o Cristianismo não pode dizer que conhece e compreende a Humanidade".

Transviado a dois passos do ancoradouro final pela fumarada das brumas naturalistas que do fundo de alma detestava, Antero não soltaria nunca o tranquilizador *Inveni portum!* da legenda antiga. "O meu amigo Oliveira Martins apresentou-me como um budista, - repararia Antero ao Dr. Storck na sua *Carta autobiográfica.* Há, com efeito, muita coisa de comum entre as minhas doutrinas e o Budismo, mas creio que há nelas mais alguma coisa do que isso". Havia realmente. É que a *impersonalidade*, entrevista por Antero como a suprema libertação do espírito, não era o pesadelo lívido do Nirvana, trazendo nos seus flancos o fantasma pavoroso do Vácuo, do Não-Ser universal. "Vivendo cada vez mais para os outros, sentindo morrer em, cada dia dentro de si mais uma parcela do *eu* egoísta que tanto nos ilude, tanto nos faz sofrer e errar – elucidava Antero a Jaime de Magalhães Lima -, ia entrando gradualmente naquela região de *impersonalidade* que é a verdadeira beatitude". Teologicamente, não é outra a definição do Santo. Entendia Antero, porém, que, "sem arredar pé do terreno do espírito moderno", se podia chegar "teoricamente até àquela profundidade de compreensão do *homem-interior*, como eles diziam, a que os místicos chegaram".

Ultimam ilusão do poder da inteligência em quem se eximira à sua falsa soberania, Antero incapacitou-se por esses restos de vago criticismo de obter a pacificação das mil e uma interrogações que lhe atormentaram a existência dolorida. "Não sei se poderei realizar, como tenho desejo, a exposição dogmática das minhas ideias filosóficas... - escrevia a Storck. Morrerei, porém, com a satisfação de ter entrevisto a direcção definitiva do pensamento europeu, o Norte para onde se inclina a divina bússola do espírito humano. Morrerei também, depois de uma vida moralmente tão agitada e dolorosa, na placidez de pensamentos tão irmãos das mais íntimas aspirações da alma humana e, como diziam os antigos, na paz do Senhor! - Assim o espero!".

Mas não morreu, como quisera e sonhara! A depressão nervosa, que a sua estada nos Açores agravara ao extremo por causas meramente físicas, empurrou-o num momento de incontida irreflexão, para o desfecho trágico do suicídio. Nada mais lógico, nada menos inesperado, segundo o Antero da versão corrente. Se olharmos à sua *Correspondência,* se o reconstituirmos conforme as indicações gerais da sua filosofia, nada mais para nos surpreender, - é nosso dever atalharmos. Seria decerto o que Antero pensaria no último instante. E tanto que, ao esmigalhar o cérebro com duas balas de acaso, o seu corpo inanimado caiu junto a um muro, onde, numa velha lápida, se lia amorosamente: - *"Esperança"*.

Tal é o Antero dos *Sonetos,* - o Antero de fisionomia cavada pelos combates duros da Ideia. "Os críticos alemães acharão talvez interessante observar as reacções, provocadas pela inoculação do Germanismo, no espírito não preparado de um meridional descendente dos navegadores católicos do século XVI". Neste período da *Carta autobiográfica* está enunciado por Antero o seu próprio caso. Nem sobrevivências atávicas de um afastado normandismo, nem manifestações superiores de alta patologia! Simplesmente o desacordo de um forte temperamento afirmativo com as razões fundamentais da sua cultura. É tempo já de assentarmos com dignidade em qual seja o significado da obra de Antero. Não é outro seguramente. Antero padeceu as influências da mesma crise que, na opinião de Paul Bourget, aparenta estreitamente entre si os niilistas de S. Petersburgo, os livros de Schopenhauer e a dúvida elegante de Renan. Salvou-se Antero das suas garras fulminadoras. E salvou-se porque dentro dele a resistência sentimental da Raça não deixou nunca de elevar o seu protesto. Crucificado no seu drama íntimo, Antero é um símbolo que se enche de um amplo sentido para nós. E assim, os seus olhos, ao coalharem-se no beijo frio da morte, a derradeira impressão que receberam do Mundo foi confiadamente a da palavra *"Esperança"!*

Tenhamos esperança nós que, mais do que tudo, procuramos conciliar as inclinações da nossa inteligência com as leis sagradas do nosso sangue. É ainda a voz do grande poeta quem no-lo aconselha. Porque – na exortação dom seu verbo ardente – cada vez mais presos ao exemplo herdado dos Avós, é ele que nos manda seguir o nosso caminho com heróica resolução:

Entre esses vultos mudos, mas amigos,
  Na humilde fé de obscuras gerações,
  Na comunhão de nossos pais antigos.

*

Existência truncada, incompleta, - incompleta e truncada ficou a sua filosofia. Antero caminhava evidentemente para a unidade do seu espírito. A conversão de Oliveira Martins e mais tarde o regresso de Ramalho Ortigão aos caminhos seguros da nossa boa tradição católica e monárquica não valem apenas como casos individuais. É preciso considerar essa conclusão de duas inteligências, experimentadas na dor e nos factos, como sendo a conclusão natural de toda a tragédia de pensamento de que Antero foi o centro e em que Ramalho e Oliveira Martins figuraram, à maneira clássica, como *dramatis personae*.

Assim se compreende porque Antero, impossibilitado de atingir a plenitude da Fé, não achasse a fórmula definitiva da sua filosofia. A filosofia de Antero baseia-se na libertação do homem pelo Bem, mediante a sua máxima impersonalidade. A máxima impersonalidade para Antero é, como já vimos, a concepção mística do Santo, em que Antero via *beatitude e acção*, - o que importava o completo repúdio do budismo literário em que as explicações fáceis de ocasião lhe procuraram encabeçar a atormentada psicologia. O erro de Antero esteve em que, fora dos estreitos horizontes naturalistas, ele pretendia, pelo puro exercício da vontade, sem motivos interiores de exaltação religiosa, realizar o perfeito ideal do ascetismo. Evidentemente que, ferida de morte na sua essência, a filosofia de Antero não se corporizaria nunca num sistema concreto de doutrinas. E quem recordar o seu estudo publicado na *Revista de Portugal*, - *Tendências gerais da filosofia na segunda metade do século XIX*, há-de até achá-lo despido de originalidade criadora, limitando-se apenas a uma exposição harmoniosa e tranquila das grandes correntes de que o seu pensamento sofrera a influência.

Antes que outrem o viesse a perceber, Antero percebeu-o imediatamente. "Para mostrar o meu afecto ao nosso Queirós, comecei a escrever com destino à Revista um artigo sobre as tendências gerais da Filosofia na actualidade, coisa sumária; mas o assunto apossou-se de mim, passou a ser quase outra coisa o trabalho e no fim de três meses acho-me tendo produzido um estudo, que na Revista dará três ou quatro artigos, e que depois, ampliado, dará um livro. Ficou reservada muita coisa que naturalmente não cabe em artigos de Revista. Escuso dizer-lhe que não é a *minha filosofia* (o itálico é de Antero) aquela que V. *sabe que eu tenho* (sic), com o seu método e teorias particulares. Essa infelizmente desisto de a expor, porque está acima das minhas forças fazê-lo, e depois ninguém me entenderia. Mas, em suma, são as minhas ideias, somente expostas por um método impessoal, pondo de parte as minhas vistas originais e processo próprio dialéctico, e apresentadas simplesmente como induzidas da evolução do pensamento moderno e mais especialmente das tendências filosóficas dos últimos oitenta anos. De sorte que, amigo, ainda depois de publicar um livro sobre filosofia ficarei sempre um filósofo inédito". (Vide *Correspondência.* Carta a Oliveira Martins, 1890).

Esta confissão de Antero precedeu a saída da primeira parte do estudo. *Filósofo inédito,* a sua filosofia condensa-se, no entanto, num ligeiro período seu, intercalado nas deduções do estudo em questão. "Se pois só a perfeita virtude, a renúncia a todo o egoísmo, define completamente a liberdade, e se a liberdade é a aspiração secreta das coisas e o fim último do universo, concluamos que a santidade é o termo de toda a evolução e que o universo não existe nem se move senão para chegar a este supremo resultado".

Desfeita a fábula do negativismo filosófico de Antero, outro aspecto há na sua vida de trabalhador da inteligência que nos toca tanto como esse. Se de certo modo Antero adivinha a renascença espiritualista que hoje encontra no regaço da Igreja a sua expressão consciente, também para o nosso nacionalismo apaixonado Antero, como político, representa uma lição que é preciso termos sempre bem presente. Vestiu Antero a blusa azul dos tipógrafos. E com o seu alvoroço romântico, filiado na *Internacional* e conspirador ideólogo da *União Ibérica,* não o suponhamos sacrificando incondicionalmente os fervores da sua mocidade ao humanitarismo burguês da Revolução Francesa. Antero foi, sobretudo, um discípulo de Proudhon. Ninguém, como Proudhon, possuiu o senso da política tradicional dos Reis franceses e se revelou adversário implacável da diminuição social trazida à França pelos falsos dogmas de 89.

Apologista inflamado da educação física e do tipo patriarcal da prosperidade, Proudhon figura hoje entre os mestres da Contra-

Revolução. As utopias constitucionalistas mereceram-lhe críticas implacáveis e à hora em que o poder temporal da Igreja baqueava na cumplicidade da França, excitada pela ventania jacobina, de Proudhon partiu a defesa do estado de S. Pedro e dos direitos pisados do Pontífice. Por isso, no livro sensacional de Jacques Bainville[31], *Bismarck e la France*, se lê na portada o nome de Proudhon ao lado da evocação enternecida dos Zuavos pontifícios, caídos em combate, de armas na mão.

Antero reconhece na sua autobiografia a direcção que recebera de Proudhon. Ela é manifesta logo nos seus começos literários, quando deitou à estampa o seu raríssimo opúsculo *Defesa da Carta Encíclica de Sua Santidade Pio IX contra a Chamada Opinião Liberal*. O autor – explica Antero a Wilhelm Storck –, criticando o Pontificado pela beleza da sua atitude intransigente em face do século, via nessa intransigência uma lei histórica, rezava respeitosamente um *De profundis* sobre a Igreja condenada pela mesma grandeza da sua instituição a cair inteira, mas não a render-se, e atacava a hipocrisia dos jornais liberais".

A atitude de Antero em 1865, inspirada sem dúvida pelos fortes trovejamentos de Proudhon, preludia na sua hesitação doutrinária as admiráveis campanhas contemporâneas de Charles Maurras sobre o *Syllabus*. O gosto contra-revolucionário afirmava-se assim ao nosso "pequeno Lassalle", como Antero a si mesmo se alcunhava. E ainda debaixo das reminiscências de Proudhon, há na sua *Correspondência* uma passagem que eu reputo notabilíssima para a justa compreensão do pensamento político de Antero. Arranco-a de uma carta dirigida a Germano Vieira Meireles e datada remotamente de 1866, - um ano a seguir à publicação da *Defesa da Carta Encíclica*.

"Para me distrair, tenho-me agora dado à leitura de romances, e releio Balzac, que é com efeito singular e único num género aliás cultivado neste século por tantos homens de talento. Os romances de Balzac são uma verdadeira história íntima do nosso século, e tenho

---

[31] Jacques Bainville, Vincennes, 9 de Fevereiro de 1879 – Paris, 9 de Fevereiro de 1936. Historiador e jornalista francês

admirado como em certas coisas capitais (como a influência da burocracia, a anarquia do livre-câmbio, as ilusões do Constitucionalismo, etc.) a sua observação despreocupada da sociedade se encontra e concorda com a crítica sistemática do grande Proudhon". Relida esta transcrição, decorrido já um tão largo período de tempo, o comentário só pode ser um e é ele que no livro de Luís Dimier[32], *Les maîtres de la Contre-Révolution,* o nome de Balzac se inscreve ao lado do nome de Proudhon.

Com a sua penetrante lucidez crítica, não nos causará estranheza que Antero se tornasse desta forma um céptico da democracia e um inimigo feroz do sofisma constitucionalista. O seu germanismo intelectual levara-o, por intermédio de Hegel, â aceitação da noção histórica do Estado. "Como acomodava eu este culto pelas doutrinas do apologista do Estado prussiano com o radicalismo e o socialismo de Michelet, Quinet e Proudhon?" – perguntava Antero a ele mesmo na sua autobiografia, não achando a explicação claríssima do caso que, misturando Proudhon com Michelet, o poeta se apressava a complicar. A razão estava na antinomia do socialismo de Proudhon com o radicalismo de Michelet. Como Proudhon, pela análise *epenetranbte* das ideologias jacobinas, traz hoje à disciplina da Realeza muita mentalidade desgarrada, também Antero, libertado dos preconceitos do seu romantismo igualitário, anteveria cedo a falência da Democracia.

"O que dará a democracia?" - interrogava Antero em carta a Fernando Leal, depois de verificar a bancarrota do regime burguês. "Quem poderá dizê-lo! É o escolho onde até hoje têm naufragado todas as sociedades. Será que a sociedade, enquanto dividida em classes, que reagem umas sobre as outras e mutuamente se estimulam, e enquanto essas classes têm, como tais, um fim a cumprir, uma aspiração, um ideal, será, digo, que a sociedade, nessas condições, constitua um *meio* mais próprio para a produção do civismo e para a têmpera dos caracteres e que, realizadas aquelas ideias, cessando aquele estímulo, o homem, que aquela luta levantara

---

[32] Louis Dimier. Paris, 12 de Fevereiro de 1865 – Saint-Paul-sur-Isère, 21 de Novembro de 1943. Escritor, crítico de arte, historiador e militante monárquico.

como acima de si mesmo, tenha fatalmente de cair na condição primitiva, na do animal de quem descende, só preocupado com materialidades e visionices?". E a dúvida que Antero formulava, dando tanto realce à necessidade do *constrangimento,* negação do optimismo revolucionário e base verdadeira de toda a filosofia da Autoridade, - essa dúvida reaparecia na sua pena, a propósito de uma brochura de Jaime de Magalhães Lima.

"Mas tudo isto é filosofia mais ou menos curiosa apenas, em face da urgência de organizar o poder político nas sociedades democráticas", - ponderava Antero. "Confesso-lhe que não me parece isso coisa que se resolva do pé para a mão, nem creio que tamanha obra dependa simplesmente da aceitação de certas doutrinas. A da representação *adequada* e *efectiva* da Nação, dos seus órgãos naturais, e não de entidades abstractas, acho-a perfeita e é há muito a minha: Mas como dar consciência a esses órgãos da sua realidade e autonomia? Por meio da lei? Mas a lei é impotente para isso, impotente para criar seja o que for naquela esfera profunda que só depende da espontaneidade social".

Seduzido ainda pela miragem da evolução, Antero entregava aos anos o desenlace da dificuldade. E, de volta ao assunto, acrescentava na carta seguinte: - "Tinha ficado naquele tempo em que, sendo a sociedade um organismo, a sua forma política devia ser orgânica, efectiva e não abstracta, natural e não matemática; e que se uma sociedade, por ser democrática, nem por isso deixa de ser sociedade, isto é, unidade orgânica, toda a questão, para as democracias, está em conhecer quais os seus órgãos naturais, e partir daí para a remodelação política. São as ideias do O. Martins, do Laveleye[33], e já hoje de muitos mais, entre os quais está também o meu amigo. Achei pois que são também hoje as minhas, e persisto em crer que esse ponto de vista naturalista e realista deve vir combinar-se com o jurídico e abstracto da Filosofia do Direito Clássico, para dessa união sair a verdadeira teoria do Direito Público." Antero, visivelmente inclinado para as raízes da questão,

---

[33] Émile Louis Victor de Laveleye. Bruges, 5 de Abril der 1822 – Liége, 3 de Janeiro de 1892. Economista belga, fundador do Instituto de Direito Internacional em 1873.

continuava algumas linhas adiante: - "O que é que impede *verdadeiramente* a reorganização das nossas sociedades? É apenas a ignorância de uma teoria, do sistema salvador? Ou será um facto íntimo, o *individualismo,* elemento psicológico que condiciona tudo o mais?"

Na sua casinha de Vila do Conde, carteando-se com os amigos, Antero agitava, pela inquietação ardente do seu espírito, as mesmas interrogações que se sentiam já na consciência culta da época e a que o génio de Maurras daria mais tarde uma luminosa resposta. Continuando neste caminho da "organização da democracia pelos seus órgãos naturais e efectivos", desenha-se nitidamente o fio que levou Antero a apoiar a política dinástica de Oliveira Martins, - a sua outra metade, o S. João Evangelista da sua sonhada obra de renovação social. Herdara Antero de Proudhon a mais fundamental repulsa pelo que ele próprio chamava "as ilusões do constitucionalismo". Na sua *Correspondência* depara-se-nos mais de uma alusão terminante à insânia liberalista que desenraizara a nacionalidade. Assim, a Henrique das Neves perguntava Antero: - "Terá este pobre povo, tão enfraquecido moralmente, e intelectualmente desnorteado por cinquenta anos de misérias partidárias e de ilusões liberais, e a quem falta um forte sentimento nacional, terá capacidade ainda para tantas virtudes?". "Por outro lado – asseverava o poeta a Frederico Dinis de Ayala -, a política antiportuguesa do partido regenerador nesta questão *é mais uma completa manifestação da incompatibilidade do liberalismo com o nacionalismo,* cujas raízes e essência são muito outras".

Nem constitucionalista nem jacobino, entende-se agora porque, em carta a Sebastião de Arruda da Costa Botelho, Antero escrevia de Oliveira Martins que este, ao enfileirar no partido progressista, levava consigo, desfraldada, a bandeira do Socialismo. Em que consistia esse socialismo? Em acabar com a aliança da burocracia com a finança, "que é a fatalidade do partido regenerador, origem da corrupção política e de sistemático desgoverno". E, impregnado de um entusiasmo desconhecido, Antero insiste, Antero explica: - "Destruir essa oligarquia burocrático-financeira, que nos domina e desmoraliza há tantos anos, e impedir por meio de leis convenientes que ela possa de futuro tornar a formar-se, parece-me coisa muito mais importante do que uma simples alteração no carácter do poder executivo, coisa que deve ficar para depois, pois só as reformas económicas e financeiras tornarão aquela outra, puramente política, não só possível, mas fecunda e duradoira".

Do socialismo de Antero e de Oliveira Martins dissera o primeiro a João Machado de Faria e Maia: - "Eu e ele é que nos entendemos a esse respeito". Desguarnecido de todo o filantropismo revolucionário, não era senão a luta contra os excessos do Capitalismo pela conquista legal dos direitos do Trabalho. Descende de Proudhon o sindicalismo francês, já entrado na fase orgânica com Georges Valois por teórico da *Monarchie-ouvrière*.

Filho de Proudhon igualmente, o socialismo de Antero viria a definir-se em sindicalismo com as notáveis medidas económicas de Oliveira Martins, levado precisamente pela feição socialista dos seus planos de governo ao encontro de um poder forte, a cuja sombra, sem se engolfarem em dissensões fratricidas, os diversos interesses conquistassem uma vida autónoma e próspera.

Em 1880 ainda o partido socialista apresentou o nome de Antero ao eleitorado lisbonense. "Se, por acaso, vires nos jornais que sou candidato socialista por Lisboa, não tomes isso a sério, - comunicaria Antero pouco antes a um amigo. São coisas que podem suceder a qualquer um, independentemente da própria vontade e determinação, exactamente como apanhar chuva ou ter de ouvir um discurso maçador". No entanto, apesar deste aparentado indiferentismo, não exageramos se considerarmos notável o manifesto de Antero. Nele se afirma: - "Representantes de um movimento individualista, liberal e burguês do primeiro quartel deste século, os partidos conservador, progressista e republicano tiveram já a sua razão de ser, correspondendo aos aspectos da revolução que consumaram e da sociedade que fundaram".

E Antero prossegue, revelando bem os fundamentos *nacionais* do seu socialismo, em que é evidente o sinal da influência proudhoniana: - "Mas, à medida que essa sociedade burguesa, transformando-se surdamente, entrou em decomposição, os partidos saídos dela e que a representavam perderam também gradualmente a sua autoridade social: de partidos, transformaram-se em bandos, enquanto os seus programas, a princípio lemas jurídicos, se foram reduzindo ao estado de frases de uma retórica tradicional". Em seguida Antero declara-se antiparlamentarista em termos que seriam, para ficar memorandos, se o eclipse da inteligência colectiva em Portugal não tivesse começado só agora a desvanecer-se.

"No ambiente subtil e esterilizador dessa conspiração permanente, que é a essência mesmo do parlamentarismo, (os partidos) perderam, a noção da realidade; e, enquanto o Mundo se transforma, vão repetindo maquinalmente as costumadas teses de uma filosofia política caduca e que nem já compreendem". Classificado o parlamentarismo de *conspiração permanente,* Antero definiria adiante o jacobino como "um conservador incoerente com frases de demagogo". E numa crítica cerrada contra a sociedade burguesa, ligando monarquia liberal e república parlamentar, Antero condensaria bem os motivos do seu socialismo, ao lançar a apóstrofe célebre:- "Burgueses radicais, se a vossa república não é mais do que a república do capital, assim como a monarquia dos conservadores não é mais do que a monarquia do capital, que temos nós, Proletariado, que ver com essa estéril questão de forma? É uma questão de família entre os membros da Burguesia, nada mais".

  Posto de parte todo o subjectivismo democrático, a expectativa de Antero para com a Realeza tornou-se benévola. Foi com a sua decidida aprovação que Oliveira Martins se alistou no partido progressista, embora, falseando a verdade como sempre, Teófilo Braga declare que Antero se indignara com a "apostasia" do amigo. Tanto não era assim que em 31 de Março de 1886 Antero se exprimia deste modo a João Machado de Faria e Maia: - "Os bons astrólogos políticos dizem que o ministério, tal como está, não pode durar muito, pois se acha dividido em dois campos rivais, e prevêem crise para depois do casamento do Príncipe. O campo de batalha é o novo ministério, destinado a O. Martins, e o programa financeiro e económico do nosso grupo".

Respondendo já em 1890 a uma carta de Oliveira Martins, Antero ia mais longe: - "Você é homem de acção e o *terramoto* que se aproxima abre-lhe horizontes e promete-lhe um teatro digno da sua actividade", - escreve ele. E, havendo Oliveira Martins significado a necessidade de Antero *"voltar à superfície"*, o filósofo, depois de alegar o seu cansaço e o seu apego à ideia pura, esclarece: - "E eu sê-lo-ia com que vontade e gosto, escuso dizê-lo, esse seu companheiro de luta, se me não conhecesse completamente incapaz para aquilo de que se trata. Tenho pois de me conservar no meu papel, quero dizer, na lógica do meu carácter e das minhas aptidões. Serei simplesmente para Você, como até aqui, amigo, confidente e crítico encartado. De resto, quem sabe o que virá? Não recuarei diante de coisa alguma, senão só daquilo que repugnar à lógica e harmonia do meu ser".

E não recuou. Colocado à frente da *Liga Patriótica do Norte*, dirige a parte política de *A Província* durante esse curto período de efervescência patriótica. Em *A Província*, onde Oliveira Martins sustentara as suas extraordinárias campanhas de morigeração e reconstrução política, é que Antero acaba de confirmar o seu nacionalismo incondicional. "Pobre Portugalório!" – desabafaria ele, cheio de enternecimento, com Oliveira Martins. E não se poupa a fadigas, a sua energia é a energia de um iluminado. Redige ele próprio o *Manifesto ao País*, debaixo da dor aviltante do *Ultimato*, não se chegando, porém, a distribuir, porque Antero destruiu todos os exemplares. "Neste documento – elucida Joaquim de Araújo -, condenavam-se os partidos militantes, estabelecendo-se que um deles, inclusive o republicano, nada havia que esperar".

Algures Eça de Queirós explica-nos como a *Liga* expirou. Chovia. À sessão marcada só compareceram Antero, presidente, e o conde de Resende, secretário. "Ambos se olharam pensativamente, deram duas voltas à chave da casa para sempre inútil, e vieram, sob o vento e sob a chuva, acabar a sua noite em Santo Ovídeo". É que a expiação não chegara ainda. Chegou quando a geração que então despertava no berço se viu, quase trinta anos mais tarde, com o encargo sacratíssimo de restaurar a Pátria que seus pais haviam deixado perder de todo. O Nacionalismo, que Antero considerava incompatível por natureza com o Liberalismo, não possuía raízes no espírito desorientado da colectividade. Foi preciso que o sangue corresse, que se chacinasse um Rei, que a mocidade da terra portuguesa se oferecesse, gentil e heróica, à ira de Deus e à reparação da História.

Hoje, sim, que a esperança já desce dos horizontes confusos e debaixo das lájeas tumulares se ouvem tinir armas como para um grande combate libertador!

Adivinhando-o nas dores impossíveis do seu pensamento e da sua carne, Antero de Quental é, na sua amargurada experiência, um mestre a meditar-se. Os erros do seu tempo expiou-os ele por nós suficientemente, conduzido pela mesma crença dedicada com que, à custa do seu sacrifício, lançou mais uma pedra no caminho, para que os cavaleiros do Resgate, ao passarem, se não enxovalhassem na lama. Nem de largo lhe sorriram os indícios da vitória! Mas na renascença espiritualista, que ele entreviu no eterno purgatório do seu génio de filósofo, alguma coisa de Antero palpita, quando mais não seja senão a sua sede abrasadora de Absoluto.

Fiel às virtudes ancestrais da nossa raça, não nos esqueçamos de que ele, regressado das ideologias românticas da Revolução, nos ensinou no seu exemplo a ter mais vivas as razões do nosso tradicionalismo e a servirmos com fé e coragem o desejado ressurgimento de Portugal. Nada queremos da república da burguesia, como nada queremos da monarquia dos plutocratas! Charles Maurras aceita a designação de socialismo como valendo pela penetração de uma ideia social de utilidade no conceito histórico da propriedade. Comunitária é a noção cristã da sociedade, - comunitária foi a nossa Realeza, povoadora e cultivadora nos seus mais profundos alicerces. Neste socialismo concluiria Antero, como Oliveira Martins concluiu. E, se nós somos, de certo modo, o partido póstumo de Oliveira Martins, por que é que não havemos de contar Antero de Quental entre os nossos camaradas mais velhos?

*

A terceira figura a ser analisada cuidadosamente por António Sardinha, é nem mais do que Eça de Queiroz, figura grande das letras portuguesas, com uma obra de grande projecção no futuro.
Sardinha escalpeliza-a cuidadosamente, para enaltecer o seu portuguesismo.
Vejamos o que ele escreveu:
Supomos inútil definir o que seja *Tradição*, sociológica e filosoficamente encarada. Evidentemente que não é mais que o tesoiro amontoado da experiência das gerações, baseando o desenvolvimento da sociedade na lei fundamental da *continuidade*. A quimera individualista do Romantismo, actuando irracionalmente por intermédio de um falso conceito do Homem, pretendeu conceber a sociedade não como uma *criação*, mas como uma *construção*. As consequências afloraram depressa, no coice dos mais desfeados teorismos. Deslocado dos seus alicerces naturais e históricos, Portugal ressentiu-se logo da estranha e impetuosa paranóia, que se importava de França. A desnacionalização começou com as reformas líricas da gente da emigração liberal. Mas à geração de Fradique pertenceu o papel, a um tempo destruidor e renovador. Por ela é que Portugal tomou deveras contacto com as grandes correntes do pensamento europeu. A *Carta autobiográfica* de Antero é, a semelhante respeito, um documento não só pessoal, mas colectivo.

Pesa sobre Antero e os seus amigos a acusação de que ninguém preparou tanto como eles a miséria dos tempos actuais. É um erro – se não lhe quisermos uma calúnia -, só filho da profunda ausência de cultura que manda em senhora absoluta no nosso infortunado país. É indubitável que a geração de Antero – no seu próprio testemunho – foi a primeira que em Portugal saiu conscientemente do leito seguro da Tradição. Mas, ao sair, encontrou-se, ávida de mestres que lhe utilizassem o entusiasmo, com o pensamento forte de um Balzac em literatura e de um Proudhon em economia. Por Balzac e por Proudhon, - hoje unidos, como doutores da Contra-Revolução, no mesmo alvo de restauração social e intelectual, a geração de Fradique descobriria as cumeadas donde novamente se havia de avistar, no seu esplendor perdido, a antiga pátria tradicional. O que roía e desfibrava Portugal senão o Liberalismo? Na geração de Fradique o Liberalismo acharia, embora ainda nas suas rudimentares manifestações destrutivas, o primeiro adversário que o atacou de frente e com resoluta coragem.

Oferece-nos a correspondência de Antero, como elemento persuasivo, um trecho singularmente interessante, em que o nome de Balzac aparece abraçado ao nome de Proudhon. Numa carta de 1886, dirigida ao seu amigo Germano Vieira Meireles, já Antero reparava: - *Os romances de Balzac são uma verdadeira história íntima do nosso século, e tenho admirado como em certas coisas capitais (como a influência da burocracia, a anarquia do livre-câmbio, as ilusões do constitucionalismo, etc.) a sua observação despreocupada da sociedade se encontra e concorda com a crítica sistemática do grande Proudhon"*. Será por Proudhon, realmente, - pelo vigor desapiedado das suas análises à falsa e criminosa economia liberal, que não só Antero, mas, com Antero, Oliveira Martins se aproximarão no futuro da ideia integral da Pátria, restituída às condições vitais do seu renascimento pelo regresso às duas grandes verdades que encheram de um clarão imorredoiro a obra de Balzac.

Na imaginação de Oliveira Martins podia imenso a fantasia romântica de um Michelet. Mas Proudhon corrigiu-lhe os exageros apaixonados da improvisação, e o *Portugal Contemporâneo* cedo evidenciou a regra segura que entregaria solidamente ao Oliveira Martins do *Projecto de Lei do Fomento Rural* a compreensão económica da Nacionalidade. Assim se percebe que, agradecendo em Março de 1888 a Frederico Dinis de Ayalla o seu livro *Goa Antiga e Moderna,* Antero comentasse: - *Por outro lado, a política antiportuguesa do partido regenerador nesta questão é mais uma completa manifestação da incompatibilidade do liberalismo com o nacionalismo, cujas raízes e essência são muito outras".*

De nada mais se carece para sustentarmos com rigorosa irrefutabilidade o sentido francamente contra-revolucionário da geração de Eça e de Antero, - que é a geração de Fradique. Uma única excepção haverá a destacar, - é a de Guerra Junqueiro, psicológica e literariamente um caso de puro hebraísmo, não tardará muito a ser restituído às proporções medianas da sua estatura intelectual, agradada tão-somente pela paixão política de um país, onde a noção das coisas do pensamento se mede, por via de regra, através daquela pitoresca inocência mental que já foi o maior título de celebridade de Mr. Homais, boticário em Ruão. De resto, a excepção só me confirma no meu juízo. E é socorrido por semelhante critério que um espírito bem-intencionado precisa de examinar – como superiormente o fez Hemetério Arantes – o exacto significado da conversão de Ramalho Ortigão ao tradicionalismo político. É que a sua acção de panfletário não traduzia de modo nenhum uma demolição por demolição. Obedecera antes ao inato gosto de medida e de arranjo, que Ramalho nos comunicou mais tarde, ao atingir o pólo positivo da sua mentalidade.

O que sucedeu com Ramalho sucedeu com Eça. O Eça inexorável da primeira fase é o Eça que escalpeliza uma sociedade de postiços, em que a mentira se aninhara debaixo do disfarce de uma aparência de honradez. Nós sabemos, por pesada herança, o que o Constitucionalismo representou para a ruína de Portugal! Eça não o poupou, com o ímpeto irresistível dos que atacam de cara, sem olhar aos golpes que descarregam. Como observador, *observou* – não *concluiu*. Forçaram-lhe as conclusões, quando o supuseram batendo-se para perpétua glória dos Imortais Princípios. De Eça hoje vivesse, ver-se-ia onde é que Eça tomava lugar. Tomava lugar, não com os homens, mas com as gerações, - não com os bandos, mas com a Nacionalidade. Eis porque não me excedo asseverando que a solução que Ramalho deu ao conflito da sua inteligência não é uma solução meramente individual, como individual não é a *Carta autobiográfica* de Antero. É a solução que se daria Eça, que se daria Oliveira Martins, que se daria Antero de Quental – se é que se a não deram! – se, por acaso, a presença dolorosa dos factos os tivesse acabado de esclarecer.

Quanto a Eça – porque de Oliveira Martins, de Antero e de Ramalho a prova encontra-se feita -, quanto a Eça, ainda sordidamente enegrecido no seu nome como um desnacionalizado e um desnacionalizador, não é difícil a qualquer criatura de boa vontade destruir sem esforço essa calúnia inqualificável. Quem compreendeu, como Eça, a psicologia de Eduardo Prado não nos deixa suspeitas acerca da sua, em matéria contra-revolucionária. Não olvidemos que Eça, por influxo de Antero, se havia educado na convivência forte dos livros de Proudhon. Não é de mais repetir que Proudhon é hoje um dos doutores mais vulgarizados da Contra-Revolução. Pois Eça já o citava despreocupadamente, como tal. Nas *Notas Contemporâneas,* Eça define o jacobinismo segundo Proudhon, a quem chama uma espécie de Santo Agostinho ou de S. Tomás da igreja socialista! De olhos poisados em tão autorizada fonte, o jacobinismo é, de feito, para Eça, não uma doutrina, mas "uma doença maligna de coração e de cérebro".

O sinal mais evidente de que são bem portuguesas no fundo as intenções de Eça de Queirós está na *Revista de Portugal,* - um dos raros órgãos de cultura com que entre nós se pretendeu coalhar nacionalismo consciente e elevado. Foi na *Revista de Portugal*, por exemplo, que Alberto Sampaio – o nosso Fustel – publicou algumas páginas suas sobre a organização social depois dos Romanos e antes de Afonso Henriques, - prefácio largo e monumental à *História* de Alexandre Herculano. Na *Revista de Portugal* saíram, antes de enfeixados em volume, *Os Filhos de D. João I.* Por lá deixou vestígios da sua erudição o insigne Martins Sarmento. E à *Revista de Portugal* pertence a glória de guardar os ensaios críticos do malogrado Moniz Barreto e as suas crónicas de política internacional, tão ricas de actualidade e de ensinamentos. E já não falo da circunstância de ser ali que as cartas do nosso chorado Fradique viram a publicidade pela primeira vez.

Eça inquiriu – e inquiriu com finalidade filosófica – das causas da nossa decadência. Escutemo-lo num breve trecho: - "O pai de um amigo meu, em 1836 ou 1848, num ódio repentino a tudo o que lhe lembrava o velho Portugal, foi-se à sua mobília antiga de pau-preto torneado e de assentos de couro lavrado, e num só dia vendeu, queimou, sepultou em sótãos, dispersou todas essas formas vetustas que lhe vinham do passado; depois correu a um estofador da esquina, e comprou ao acaso, num lote, uma mobília francesa. O que este homem fez, todo o Portugal o fez. Num rompimento desesperado com o velho regime, tudo estragou, tudo vendeu. Achou-se de repente nu; e como não tinha já o carácter, a força, o génio, para de si mesmo tirar uma nova civilização, feita ao seu feitio e ao seu corpo, embrulhou-se à pressa numa civilização já feita, comprada num armazém, que lhe fica mal, e lhe não serve nas mangas."

Pertence a transcrição ao capítulo *O Francesismo* das *Últimas Páginas*. Para quem acuse levianamente Eça de Queirós, e com Eça a sua geração, de estrangeirismo e desenraizamento, Eça respondeu-lhe aí com o coração nas mãos, num largo e carinhoso exame de consciência. Nascido e medrado numa sociedade toda torcida e aleijada pela obsessão das formas gaulesas – é bom que nos recordemos da infância de Fradique! -, Eça de Queirós é uma vítima, como vítima foi a sua geração, a quem forçaram a pensar e a sentir em mau francês. Por isso o *Francesismo* é, quanto a mim, o testamento de Eça de Queirós. Se Eça não *concluiu* – repito -, é que a sua energia se consumiu inteiramente a limpar as cavalariças de Augias. Mas concluiu por si e por ele – insisto novamente – Ramalho Ortigão. Atravessava-se uma época de análise, - a outros seria permitido o suor da reconstrução. No entanto, não contribuiu pouco para ela Eça de Queirós, não sendo de mais que dispensemos ainda ao seu nacionalismo alguns momentos de atenção cuidadosa.

Fixemo-nos na *Ilustre Casa de Ramires* e tanto nos basta. Em a *Ilustre Casa de Ramires* legou-nos Eça a mais completa e mais escrupulosa monografia que se conhece de uma família portuguesa. Já o crítico António Arroio nas *Notas sobre Portugal* o acentuava inteligentemente. Com a percepção amorável da nossa paisagem, *A Ilustre Casa* denuncia na obra de Eça a posse soberana do estilo e das suas adestradas faculdades de romancista. Fechava-se para Eça a hora do sarcasmo depurador, vinha-lhe ao espírito uma ânsia nobre, - a ânsia de se amoldar à imagem e semelhança da pátria em que nascera. As figuras de *Os Maias*, do *Padre Amaro,* de *A Relíquia,* de

O Primo Basílio cerravam a galeria hipócrita e criminosa do Portugal da *Carta*, que amordaçara e desnaturara o Portugal de Ourique. O escritor dirigia-se agora ao Portugal-português. Dirige-se com tanto enternecimento, com tanta religiosidade, que na *Ilustre Casa* quase chega a existir virtude na maneira discreta como Gracinha cai.

Em Gonçalo Mendes ergueu Eça um símbolo, - e um símbolo tocante. É bem o símbolo de uma raça apática, transviada do rumo superior dos seus destinos. Mas lá no fundo não se extinguiram ainda as boas energias ancestrais. Dormem apenas. E um pequeno incidente, uma mais sacudida comoção moral, é bastante para que a cachoeira represada se despenhe outra vez e Gonçalo assista dentro de si à ressurreição daqueles tantos Ramires arcaicos que lhe ganharam o solar e lhe estilizaram o apelido.

Já se desenhava de trás a volta de Eça de Queirós ao Sangue. De certo modo, a disposição literária de que nasceram os capítulos mais sadios de *A Cidade e as Serras* indica-nos o começo desse baptismo novo, em que o escritor iria reconciliar a riqueza da sua pena com a formação natural do seu temperamento. Há uma passagem em *A Cidade e as Serras* que reputo expressiva. É a passagem em que os convivas do 202 – Eça esqueceu-se de enumerar Fradique entre eles – ouvem atentamente, através do Paris subterrâneo, os ecos de uma cançoneta excitante que um aparelho próprio lhe transmite de qualquer teatro em voga nos *carnets* do canalhismo elegante. Chegam aos ouvidos ávidos das relações cosmopolitas de Jacinto Galeão as reticências maliciosas da cançonetista. É o brilho mórbido da civilização, é o farelo imundo que se escondia dentro dos pomos célebres de Chateubriand. Saudoso dos horizontes familiares, o estoira-vergas do Zé Fernandes, do vão de uma janela, vê surgir a Lua alta, por cima dos Campos Elísios. Recorda-se então do luar na serra chovendo a jorros sobre as aldeias quietas. São dois traços somente. Mas, em dois traços rápidos, é dado o contraste entre o Paris gasto e inútil, embora doirado, e a vida simples de acção e bondade, ao ar livre, no coração da natureza. Julgo ser este episódio o verdadeiro nó que prende o

Eça analista ao Eça construtivo. Claro que já antes disso, aqui e além, talvez mais por instinto do que por deliberação, Eça nos fora apontando as jornadas do seu itinerário nacionalista. Todavia, parece que não me engano ao supor que no episódio referido se traduz intencionalmente a mudança íntima do escritor.

E surge-me aqui o ensejo para inserir com oportunidade um detalhe duplamente curioso e impressionante, porque nos elucida sobre os processos que Eça empregava na composição, ao mesmo tempo que nos ensina com que amor profundo o escritor se embebia nas coisas do nosso passado. Anda na memória de todos a morte do bastardo de Baião, na *Ilustre Casa*. É, sem discordância, uma das maravilhas mais extraordinárias da prosa portuguesa. Pois Eça não ideou a cena espantosa. Unicamente a extraiu das letras encaracoladas de um códice medieval, a que Herculano alude em uma das notas à sua *História*, insuflando-lhe Eça toda a espantosa realidade que a anima e que é sempre a minha tortura quando a leio. O caso deu-se, efectivamente. Deu-se na mesma ocasião em que a novela o coloca, reinando precisamente D. Afonso II e estando as Senhoras Infantas cercadas em Montemor. Cercava-as por ordem de El-rei um tal Martim Anes de Riba de Avisela. Derrotado, Martim Anes meteu-se por um paul, - um dos muitos que ainda há no vale do Mondego. Conta o *Nobiliário*, chamado do "Colégio dos Nobres", que, ao arrancarem-no de lá, vinha agonizante, porque as sanguessugas o tinham chupado todo.

Em nada se diminui o valor da criação formidável de Eça de Queirós. Em arte, o que não é *real*, é pelo menos *verídico*. Quando se cai nos domínios da pura invenção, já se não é Eça, - é-se simplesmente Júlio Dantas. Eça, como grande mestre, soube tirar da verdade aquela beleza dominadora que os medíocres costumam baldadamente pedir à fantasia. Justo é que nós o amemos, não como o Eça implacável da ironia que não perdoa, mas como o obreiro enternecido de um Portugal Maior que está para renascer. Sentiu Eça o seu país com o coração e com o talento. No *S. Cristóvão*, a missa ao Diabo, por entre o escuro da noite e da floresta, é toda embebida de um conhecimento largo do nosso folclore. Eça comprazia-se cada vez mais no estudo das nossas tradições populares. E um ligeiro facto nos demonstrará como na sua última fase o próprio criticismo do escritor se modificava e adoçava ao tocar na arca santa da Pátria.

Recordemo-nos de que foi na *Revista de Portugal* que a correspondência de Fradique apareceu a público. No estudo que a precede, Eça de Queirós, a propósito dos apontamentos recolhidos por Fradique sobre cultos primitivos, na sua viagem ao Zambeze, transmite-nos um bocado de conversação tido de uma vez na Rua de Varennes numa noite de ruidosa invernia. Ao calor do fogão e do café, circulava nos lábios a tese predilecta de Fradique-Renan acerca da essência das religiões. Com aquele traço sóbrio e incisivo que foi sempre o encanto da palavra de Fradique, o neto de D. Lopo Mendes levantava diante dos olhos dos seus convivas todo o mistério fundíssimo da selva africana. Eça, seduzido, não se conteve: - "Fradique! Por que não descreve Você essa sua viagem à África?". Veio de seguida o pasmo, a surpresa de Fradique, - um pasmo e uma surpresa sem afectação. "era a vez primeira – explicava Eça – que eu sugeria ao meu amigo a ideia de compor um livro" E o futuro revelador da *Correspondência* não encontra outra maneira de exprimir o espanto que assomou à face de Fradique, de ordinário imperturbável, senão comentando: - "Foi como se lhe tivesse proposto uma epopeia sobre o Senhor D. João VI!". Isto lê-se na *Revista de Portugal*. Já se não lê, porém, em *A Correspondência de Fradique Mendes*, editada em volume. Talvez tocado por uma visão mais justiceira da História, Eça de Queirós deixou em paz o Senhor D. João VI – quem sabe se Eduardo Prado lho ensinara, pelo menos, a respeitar? – e rectificou honestamente: - "Ele (Fradique) ergueu a face para mim com tanto espanto como se lhe propusesse marchar descalço, através da noite tormentosa, até aos bosques de Marly".

*

Numa breve mas cuidada análise sobre Garrett e a sua obra, Sardinha dá-nos um sugestivo retrato das convicções tradicionalistas do grande escritor e da herança que nos deixou na

sua obra.
  Vejamos o que António Sardinha escreveu:
  Na história do renascimento nacional hão-de de futuro arqueólogos e folcloristas da nossa terra ter o lugar de agradecimento que o seu trabalho incansável lhes conquistou pata todo o sempre. Se a pátria se não subverteu por completo na febre anarquizadora do Liberalismo, a eles se deve o esforço de maravilha que não deixou perder na babilónia dissoluta da política e do exotismo as características seculares do nosso povo. Extinta a vida provincial, mortos no urbanismo crescente os longos serões à lareira, o património lírico do tronco luso depressa se apagaria nos moldes uniformizadores de uma odiosa compressão centralista, se ao génio esquecido dos Antepassados não acudisse a dedicação infatigável de meia dúzia de obreiros, no seu momento os únicos que puderam fixar as razões eternas da existência de Portugal.
  Garrett assinalara no *Romanceiro* a necessidade de uma larga acção governativa baseada nas preferências tradicionais da nacionalidade. O seu desejo mais ardente era o de incorporar o Constitucionalismo nessa ordem natural das coisas, de cujo respeito inviolável viria, sem dúvida, a estabilização do regime. Miragem apaixonada de romântico, Garrett lutaria desassombradamente debaixo da sua sedução generosa, - e lutaria com a crença de que os seus discursos e os seus livros brilham belamente cheios. Tais são os fundamentos do seu municipalismo, que é também o de Herculano. Não são outros os remorsos da sua consciência, ao confessar mais tarde, de pés para a sepultura, o arrependimento que lhe pesava na alma por haver colaborado nas reformas insensatas da Terceira.
  No seu regresso às velhas instituições concelhias e à hereditariedade emotiva da Raça, o nosso romantismo, através da figura de Garrett e de Herculano, não é, de modo nenhum, a desorganização do sentimento, que – na frase incisiva de Pierre Lasserre -, classifica e define o romantismo francês. Debruçado na doçura ingénua dos *Cancioneiros* e com expressão literária em novelas como a de Bernardim, Portugal não deve às normas clássicas o prestígio e vigor que no século XVII levaram a França à

universidade gloriosa do seu espírito. O Classicismo para nós, desde que excedeu a sua obra de disciplina intelectual para se transmudar em cânone de inspiração literária, resultou manifestamente nos decalques parados dos vates da Arcádia, com a *Dissertação Terceira*, de Correia Garção, *"sobre ser o principal preceito para formar um bom poeta procurar e seguir somente a imitação dos melhores autores da antiguidade"*. "Os Gregos e os Latinos, que dia e noite não devemos largar das mãos, estes soberbos originais, são a única fonte de que emanam boas odes, boas tragédias e excelentes epopeias". Assim se exprimia Correia Garção, traçando dos seus companheiros no epitalâmio e na égloga as rotas seguras de uma entrada certa no Pindo. *É a contradição de quanto, realmente, traduz a forma magnífica da poesia nacional* através os sete séculos e meio da nossa jornada de povo.

Garrett abrangeu, por isso, a questão com uma clarividência crítica, ao esboçar em ligeiras notas a sua teoria literária. Nas lições da velha Brígida estava o segredo do remoçamento imperioso da literatura portuguesa. Eis porque o poeta exclamava no canto III da *D. Branca*:

Nossas lindas ficções, nossa engenhosa
Mitologia nacional e própria
Tome enfim o lugar que lhe usurparam
Na lusitana antiga poesia
De suas vivas feições, de sua ingénua,
Natural formosura despojada
Por gregos deuses, por espectros druídicos
E com postiças, emprestadas galas
Arreada sem primor, rica sem arte.

Apelando para os desprezados tesouros do *Romanceiro*, Garrett empenhava-se por tornar a moda romântica num movimento renovador da nossa esquecida autoctonia lírica. Não desaparecera por completo esse lirismo, apesar da secura formalista do modelo clássico. Verificamo-lo em toda a sua plenitude no caso típico de

Rodrigues Lobo. Mandara nele a sugestão épica da Renascença e dera-nos o *Condestabre*. É um frouxíssimo arrastar de rimas, com relâmpagos de vez em quando, em que o poeta se desnatura e asfixia nas peias convencionalistas do poema. Mas oiçamos o apaixonado, - o contemplativo. E logo nos surge o rouxinol de Bernardim, a tortura de Crisfal, os adeuses de João Rodrigues Castelo Branco partindo-se, - as queixas doloridas da *"gran coyta do corazon"*.

Mais próximos das raízes sentimentais do passado, os nossos poetas de Quinhentos temperaram ainda com as suas virtudes o classicismo inerte que nos viera de fora. Sá de Miranda vibra nas mágoas agoirentas da terra ao abandono. António Ferreira, embora chame a D. Dinis "das nossas musas rústicas amparo", aquece na *Castro* a impassibilidade helénica da tragédia com o espantoso e enternecido *Coro das moças de Coimbra*, - não falando, claro, no *elemento humano* que na paixão do Infante agita todo o traçado arquitectónico da fábula. Quanto a Camões, nos seus sonetos a revoada lírica imprime-lhe aquela soberania incomparável que levou Elizabeth Barrett Browning a intitular um dos seus livros, - *Sonnets from the portuguese*. E se há fogo nas suas estrofes, - lume divino, flama imortal, se a sua epopeia não é a epopeia morta de Tasso, nem a das criações secundárias dos Seiscentistas, é porque não lhe falta igualmente o *elemento humano*. Esse elemento é a acção histórica dos Portugueses, de que o poeta participou e que na ardência do seu entusiasmo o induzia sinceramente a afirmar:

> *Ouvi: que não vereis com vãs façanhas,*
> *Fantásticas, fingidas, mentirosas,*
> *Louvar os vossos, como nas entrenhas*
> *Musas, de engrandecer-se desejosas;*
> *As verdadeiras vossas são tamanhas,*
> *Que excedem as sonhadas, fabulosas:*
> *Que excedem Rodamonte, e o vão Rugeiro,*
> *Orlando, ainda que fora verdadeiro.*

Interpretando, pois, o Romantismo no sentido nacional em

que o tomava e defendia, Garrett ia direito às nascentes profundas da nossa sensibilidade. Nunca Portugal, pelas condições remotas da sua formação, se poderia fechar nos limites do ideal clássico. O ideal clássico é, em relação à França, a regra coordenadora do seu intelectualismo estrutural. Criação política de uma dinastia, a França não é, como nós somos, - um factor de natural elaboração. O Oceano, comandando vários agentes como, por exemplo, a distribuição dos ventos e das chuvas, produziu na vertente ocidental da Península o meio próprio em que Portugal se emoldurou e desenvolveu depois. A política dos Capetos, exercida habilmente pelas alianças e pelas anexações, originou a França por um processo bem diferente. A Renascença corresponde, desta maneira, às necessidades unificadoras de uma pátria recente, a quem escasseavam as qualidades do plasma primitivo. A feição racionalista e simétrica da inteligência francesa, tornando a sua poesia, ordinariamente, *analítica* e *formal* achou na clareza generalizadora do Classicismo a norma segura da sua expansão e do seu florescimento. Ao contrário, em Portugal, na condição lírica do nosso etos é que reside um dos mais velhos títulos da sua independência. A tese do sábio arabista espanhol D. Julián Ribera y Tarragó sobre o Cancioneiro de Abencuzman faz-nos supor que na poesia popular do Noroeste da Península se filia, inclusivamente, a genealogia do Provençalismo. O assunto é para debate largo. Enunciando-o apenas, ele ajuda-nos a considerar o Romantismo como sendo entre nós uma volta à sentimentalidade perdida da Grei. Palpitando-o com a sua excepcional agudeza, Garrett é bem o precursor da corrente que mais tarde Alberto de Oliveira baptizaria de *neogarrettismo*. A desordem do sentimento e da imaginação que o romantismo francês significa só se introduz em Portugal com a baixa poesia ultra-romântica, para expirar de hipertrofismo na gordura verbalista da *Velhice do Padre Eterno* e da *Morte de D. João*.

Ora o *neogarrettismo*, desde que pretendesse refazer ampla e dedicadamente a consciência da nacionalidade, carecia de sair do estreito terreno estético em que nas *Palavras Loucas* fora colocado. Punha-se mais alto o problema da Pátria Portuguesa! Punha-se nas suas instituições, punha-se no reconhecimento daqueles princípios de cujo respeito a sua integridade e prestígio dependiam. Ainda aí não podíamos repelir a herança de Garrett. A poesia nativa do *Romanceiro* aproximara-o da nossa Idade Média. Esse medievalismo ser-nos-ia salvador. Por ele se nos manifestava o "meio vital" da nacionalidade, com a sua experiência bem vincada ao longo da nossa História. Mas o estrangeirismo prevaleceu. Prevaleceu a política apriorística de Mouzinho da Silveira, marchando na esteira do centralismo despótico do Estado napoleónico. Na fúria reformadora, nada se respeitou! A abstracção governativa impôs-se a Portugal de cima para baixo, com a indiferença seca de um conquistador. Desnacionalizada a política, desnacionalizou-se o País. Ao Terreiro do Paço, na sua senha destruidora, ajuntava-se agora o mal do século com o seu criticismo agudo, exercendo-se desaforadamente sobre os direitos sagrados de Portugal à sua autonomia. Negaram-nos tudo, - até a individualidade!

Entretanto, no eclipse que pesava sobre nós, uma meia dúzia de obreiros iluminados se destacou, de alvião em punho, para salvar da casa em ruínas o tesouro escondido na pedra da lareira. São os arqueólogos, são os folcloristas. Vasculhando na poeira das civilizações defuntas, Martins Sarmento e Estácio da Veiga ligarão a génese da Pátria a um *ocidentalismo* cada vez mais provado, donde nos sai, no seu sentido histórico, a árvore de geração de Portugal. Segue-se-lhes Santos Rocha. E atrás de Santos Rocha vem a *Portugália*, - verdadeiro pergaminho da nossa nobreza de povo. Lembro o ardor de Rocha Peixoto, curvo-me à desilusão de Ricardo Severo! Depois da Citânia-necrópole minhota a que é preciso subir, para se rezar ao sol de Deus a oração da Raça! – desenterram-se os castros do Norte, - encadeia-se a sua sociabilidade rude com os esplendores longínquos de Tirinto e de Micenas. Se Herculano escrevera quase definitivamente a história do nosso municipalismo, o prefácio da nossa história escreviam-no esses pacientes e inspirados trabalhadores.

Por anos bastos de incompreensão e sorrisos desdenhosos, dos arraiais tumultuando à hirta nomenclatura científica, da escavação ao ar livre à monografia circunstanciada e sóbria, a consciência colectiva neles encontrou os seus únicos portadores. Enquanto uma folia macabra nos desgovernava de todo, Portugal viveu para as razões eternas do seu ser, graças a um grupo de homens de boa vontade, sem os quais não existiria já hoje nenhum vestígio de vida regional, nem a revivescência da alma colectiva se tornaria possível.

Destacarei, a par dos arqueólogos, dois folcloristas, em que não se apagou nunca o amor da sua pequenina pátria local. É um Manuel Vieira Natividade, o outro, António Tomás Pires. Preparadores ignorados do nosso ressurgimento, perturbou-os aqui e além a influência, ou do pseudo-eruditismo de um Teófilo Braga, ou da incapacidade construtiva de um Leite de Vasconcelos. Mas nos materiais acumulados por ambos agita-se em estremecimentos de milagre o barro que há-de cimentar amanhã, nos cavoucos antigos da Nação, os alicerces de um novo Portugal.

Comovidamente o confesso aqui, ao recordar-me de António Tomás Pires, morto num ascender calcinado de Agosto, - faz agora exactamente cinco anos. Entre os meus vinte leitores, talvez que nem seis lhe saibam o nome de cor. Todavia, à base do nacionalismo que apaixona hoje os moços de Portugal, António Tomás Pires é dos que mais merecem do nosso reconhecimento. Nada lhe escapou, - do adágio oral às superstições obsoletas, da faceira musa popular aos serões austeros do bom saber. Os seus *Cantos Populares Portugueses* abrangem dez mil cantigas, recolhidas pacientemente, numa faina paciente de beneditino. Nascido à sombra da sé de Elvas – como ele tanto gostava de dizer! -, não há pedra na denteada cidade fronteiriça, de que ele não resolvesse o enigma ou não penetrasse o mistério.

A claridade da sua candeia, da letra extinta dos códices acordou os de antigamente, - mesteirais elevando um aqueduto, gente de guerra sofrendo assédios ásperos, com o pão de bagaço por alimento e a peste por companhia. Do seu sacrifício obscuro fala o meu testamento na sinceridade funda com que sempre o admirei. Mais de uma dúvida grave da nossa história António Tomás Pires a solucionou. À sua investigação se devem documentos positivos fixando o quadro cronológico em que a vida de João Lobeira se engasta. A debatida questão do *Amadis de Gaula* recebeu assim de António Tomás Pires um subsídio importante e talvez decisivo.

A herança de Garrett, antes de transitar para as definições precisas de uma doutrina, ciosamente a guardaram e zelaram, pois, como seus administradores, os arqueólogos e folcloristas da nossa terra! Quem se recordar do *félibrige*, reconhecerá a importância que teve no ressurgimento tradicionalista da França. Também na Alemanha a poesia se renovou, mergulhando nas nascentes ancestrais e tirando de lá, com Herder, os fundamentos de um nacionalismo resgatador. Não é outro o caminho que é necessário retomar entre nós, tanto social como intelectualmente. As nobres tentativas de Afonso Lopes Vieira dizem-nos a riqueza dessa lição abandonada.

Nosso mestre e nosso precursor, Garrett ordena-nos que cumpramos o seu testamento. Cumpri-lo é restituir-nos à posse de nós mesmos. E eu não sei, com franqueza, meus senhores, de destino mais belo e mais dominador para quem escute a voz do seu sangue e sinta Portugal pulsar-lhe nas veias!

AO RITMO DA AMPULHETA

Formando como que um triângulo, Liberalismo, Maçonaria e República são o alvo das críticas mais violentas de Sardinha quando faz a defesa e o elogio quer da Monarquia quer do Nacionalismo. A sua obra doutrinária assenta na denúncia de todas as consequências destruidoras desenvolvidas pelos maçons e republicanos liberais.

No seu livro "Ao ritmo da Ampulheta" (1925) não deixa dúvidas, quanto ao seu sentir anti-liberal, anti-republicano, antidemocrata e anti-maçónico. Fá-lo numa análise cuidada dos acontecimentos que se foram sucedendo, visando em particular a acção da Maçonaria.

"Foi a 24 de Agosto de 1820 - escreveu António Sardinha - que a Liberdade nasceu em Portugal, - dia de S. Bartolomeu, em que

anda o diabo à solta! Já lá vão quase cem anos desde que nessa madrugada distante o Porto acordou ao som de vivas subversivos que a tropa estava levantando para os lados de Santo Ovídio. É uma data funesta que nós precisamos de não esquecer, porque ela trazia no seu ventre de maldição todas as desgraças posteriores. Não há, de facto, diferença nenhuma entre as mentalidades que então presidiam ao movimento revolucionário e as que hoje lhe reconhecem os últimos despojos da herança. São as mesmas inteligências primárias, mordidas dos mesmos ódios, com as mesmas fúrias de espoliação e de atropelo. O que é necessário é vermos, quer na república que nos dizima em corpo e alma, quer na longínqua aventura do campo de Santo Ovídeo, que há quase cem anos a antecipou, o trabalho lento e afincado da Maçonaria, desenrolando, pachorrenta, a sua teia na sombra. Ontem o Liberalismo, agora a Democracia, não são senão as fachadas de um poder oculto que, no subsolo da política, a manobra a seu bel-prazer. Tal poder é o da Maçonaria, inimigo desde sempre de tudo que seja para Portugal o renascimento das suas velhas qualidades de fé e de disciplina.

Maçónica na sua origem, é um engano supor-se que a revolução do Porto obedeceu a indignadas iras patrióticas contra a residência inglesa de Beresford[34] e contra a demora obstinada da Corte no Rio de Janeiro. A demora da Corte no Rio de Janeiro, levando a uma acção de consciente imperialismo na América, como se deduz da Campanha de Montevideu e como o demonstra abundantemente o notável historiador brasileiro Oliveira Lima, no seu esplêndido estudo sobre D. João VI, - a demora da Corte no Rio de Janeiro impôs-nos à Europa, disposta a abandonar-nos à nossa aliada da véspera, - a Inglaterra. Se D. João VI não pesasse de além do Atlântico com, o seu vasto império colonial, nós teríamos sido miseravelmente retalhados pela Espanha e pela Grã-Bretanha nas decisões do congresso de Viena. Ninguém, mais do que a Inglaterra, desejava pôr cobro à assistência do Rei no Brasil, que nos estava

---

[34] William Carr Beresford, 1768 – 1854, general inglês, foi marechal-general do exército português, no reinado de D.João VI, conde de Trancoso, marquês de Campo Maior e Duque de Elvas.

valorizando internacionalmente. Tanto assim que à Inglaterra se deve o golpe decisivo na ruptura das duas partes do Reino Unido, colaborando activamente na emancipação do Brasil, igualado à metrópole pela política sábia de D. João VI.

Por outro lado, as iras patrióticas flamejadas sobre a residência inglesa são um feito de pura retórica. A Regência combateu sempre Beresford, com D. Miguel Pereira Forjaz à frente, - D. Miguel Pereira Forjaz, que organizara o País contra os franceses e que se mostrava um esteio seguro da influência contra-revolucionária da Santa Aliança.

A Maçonaria serviu-se dessa capa fácil de envergar para sacudir o espírito indómito dos nossos soldados, a quem as lutas peninsulares haviam restituído muito da antiga fereza da Raça. A prova está na circunstância de os clubes secretos pensarem primeiro em aliciar Beresford por intermédio da Viscondessa de Juromenha. Convencidos só então de que o marechal "era adverso à Liberdade", é que resolveram maquinar a conjura, destinada à destruição da nossa ordem católica e monárquica, sob o pretexto de uma insurreição de carácter nacionalista.

Não digo que as condições económicas do País fossem sorridentes. Saímos de uma guerra exaustiva, de três invasões que nos tinham custado o melhor da nossa força, tanto em população, como em riqueza. Devagar, nos íamos ressarcindo de tão longos e persistentes males. Não olharam a nada os nossos Regeneradores! Levantam uma bela manhãzinha no Porto o pendão da revolta e, com vivas a uma "constituição mais liberal que a de Espanha", meteram-se ao caminho para Lisboa, onde o terreno se achava já preparado pela teimosia habilidosa das várias irmandades de Triângulo e Avental.

A solidariedade cosmopolita dos princípios da Revolução não é só do tempo presente. Vem de trás e muito de trás! Por semelhante solidariedade a nossa Maçonaria facilitou a entrada de Junot[35] em

---

[35] Jean-Andoche Junot, Bussy-le-Grand, 23 de Outubro de 1771, Montbard, 29 de Julho de 1813. General francês comandou a invasão francesa de 1807, sendo derrotado nas batalhas de Roliça e Vimeiro em 1808.

Lisboa, mandando mensageiros a Napoleão e dispondo-se a entregar-lhe com a dinastia o único penhor da independência pátria. A mesma solidariedade, jurada sobre as insígnias triangulares, debaixo do olho simbólico do Supremo Arquitecto do Universo, obriga Gomes Freire, traidor que espontaneamente se dedicou à fortuna de Bonaparte, a preparar a queda da dinastia em 1817, de acordo com conspiradores espanhóis a cuja testa se encontrava o general Cabanes.

Esta é a genealogia da famosa "harmonia ibérica", que, no fundo, não é mais que a República federal da Ibéria, anunciada para depois da insurreição, agora malograda em Espanha, pelo Dr. Simarro no convento maçónico realizado em Paris a 2 de Julho passado (1917). Declarou-se aí que, a triunfarem os revoltosos, a bandeira verde-vermelha seria imediatamente reconhecida como sendo a bandeira da Ibéria. Não se trata senão da execução testamentária de Gomes Freire! Procuraram efectivá-la os homens de 1820. De facto é um mação, D. João Pando, ministro da Espanha em Portugal, quem coadjuva e acoberta as cabalas dos conjurados. Conta-se até que, dois meses antes, chegara ao Porto o coronel espanhol Barreros com o fim de promover uma revolução em Portugal e prometendo auxílios do governo de Madrid. Parece que Fernandes Tomás não aceitou as propostas de Barreros. No entanto, ao rebentar o movimento do Porto, um corpo do exército espanhol avizinhou-se da nossa fronteira de Trás-os-Montes.

O mais interessante é que os jornais da época afirmaram (*Diário do Governo*, do Rio de Janeiro, de 22 de Abril de 1823) que Manuel Fernandes Tomás recebera de D. José Pando cinco milhões de reais para levar a cabo a revolução, pondo-se depois em prática o plano traçado na *Sociedade dos Regeneradores do Género Humano*, fundada em Cádis, à roda de 1812. Consistia esse plano na confederação ibérica, em que Portugal e Espanha se repartiriam em várias repúblicas interindependentes, da maneira seguinte: - *Bética ulterior, Bética citerior, Galega, Navarra, Asturiana, Lusitana ulterior e Lusitana citerior,* "com a expressa condição de que os Algarves pertenciam à Bética citerior". Passa singularmente, como vêem, no programa político dos *Regeneradores do Género Humano* o programa daqueles que há uma dezena de anos se foram de jantar até Badajoz. É o mesmo espírito que anima o livro do Sr. Magalhães Lima, *La fédération ibérique*. E para prova, no seu curioso livro *Mi misión en Portugal*, Fernandez de los Rios assevera que nos arquivos secretos de Fernando VII, no Palácio de Madrid, existiam documentos comprovativos das aspirações unitaristas da Espanha durante o período vintista. *"En 1820 – escreve – habia quien hacia llegar la idéa de la unión* (de Portugal e Espanha) *á Fernando VII, entre cuyos papeles reservados, los hay, como hermos dicho, que revelan sus propósitos en este asunto".*

Que Manuel Fernandes Tomás morreu pobre – é como o defendem os seus panegiristas da acusação de ter recebido de D. José Pando os cinco milhões de reais. Podia-os ter recebido, no seu delírio ideológico, não para si, mas para mais fácil realização da ideia que o obsidiava. E eu não duvido nada que assim sucedesse, porque a história desse período, meio oculta pelos elogios mentirosos da mentalidade liberalista, é uma série de atentados contra a dignidade e contra os interesses supremos da Pátria. Caminhávamos francamente para um 89 português, se a mão varonil do infante D. Miguel não cortasse em Vila Franca o desaforo crescente dos nossos demagogos das Necessidades. Num depoimento precioso, - *Cartas de hum portuguez aos seus concidadãos,* José Acúrcio das Neves deixou instruído o processo dos reformadores insignes de 1820. Delapidaram e roubaram, como delapidaram e roubaram os seus não menos insignes descendentes.

Eles apuparam e desterraram bispos, como a sua linhagem espiritual os apupa e desterra hoje em dia. Andaram as imagens dos Santos pelas ruas às costas de galegos, com grandes alaridos de blasfémia. Nas galerias das Constituintes bravejavam igualmente "gritadores" – pitorescamente assim José Acúrcio os designa -, que caiam de moca em punho sobre os poucos que lá falavam a linguagem direita da honra e da verdade.

Tentaram eles estultamente atirar-nos contra a Santa Aliança numa guerra em que a nacionalidade certamente se pulverizava. Só uma figura se levanta, rugindo, protestando. É D. Carlota Joaquina, -

é a *cidadã ex-rainha*, como se atreveram a designá-la, ao instaurarem-lhe um processo de rebelião, com pena de desterro. Sofreu por isso a calúnia dos panfletários a soldo das facções. Mas basta ler as *Instruções Maçónicas do Grande Oriente Espanhol - Egípcio*, para que D. Carlota Joaquina se nos apresente limpa de toda a baba de infâmia que enegrece a memória.

Os meus leitores encontram-se talvez surpreendidos com este aspecto inédito da revolução de 24 de Agosto de 1820, acostumados a considerá-la o início de uma era de resgate para Portugal. Não me permite o senso que devo ter dos limites alongar-me em detalhes e em reflexões. É suficiente, ao contrário de quanto se escreve e afirma, que lha denuncie antes como o começo da formidável conspiração social que trouxe o nosso país aos parapeitos da morte, - ao estado de torpor e de desconjuntamento em que desesperadamente nos debatemos. A renovação da História impõe-se entre nós. Só desse modo nós compreendemos o que o Liberalismo foi para Portugal e como a República, sua filha bastarda ou legítima – não importa! -, entronca nele directamente. 1820 é já a república disfarçada no fantasma de um rei coacto, no qual renascia a hesitação dolorosa de Luís XVI. Fala por mim e por todos os comentários a nota de Silvestre Pinheiro Ferreira, nosso ministro dos Estrangeiros, enviado à Inglaterra em 1 de Dezembro de 1821, quando se receava que o gabinete de Londres sufocasse o nosso revolucionarismo nascente, em harmonia com os compromissos tomados pela Santa Aliança. Ei-la nos seus principais lineamentos:

"Que se o Governo inglês anuir às pretensões dos Aliados do Norte e se não se opuser a elas, formal, positiva e muito publicamente lhe fará sentir... que a consequência deste abandono da nossa antiga aliada será formar entre os dois povos da Península uma união que não podendo ter firmeza senão pela fusão de ambos em uma só Nação, debaixo de uma só Constituição, e um só governo, resultará infalivelmente malograrem-se todos os esforços dos séculos passados feitos com o fim de se evitar aquela união; ao que acresce, que não podendo-se verificar este fenómeno político sem se preceder da abolição de uma das dinastias reinantes, e talvez

de ambas para ceder lugar a um novo governo, porventura conduziria a este fatal desfecho a tomarem os dois congressos o partido de que a História nos oferece mais do que um exemplo, de se ir chamar para chefe do poder Executivo, personagem de alguma das dinastias da Europa, que, desposando deste modo os interesses da Península, trouxesse em seu apoio uma força efectiva..."

No que liquidavam a Liberdade e a Soberania do Povo! Liquidavam na entrega da Pátria ao estrangeiro, se se visse em risco a integridade dos seus dogmas mentirosos. Gomes Freire, Manuel Fernandes Tomás, Sebastião de Magalhães Lima são, pois, os elos do mesmo pensamento! Os homens em si não serão talvez responsáveis. Mas é responsável a ideia que significam e encarnam. Essa ideia é a ideia maçónica, inimiga, por natureza, da nossa formação católica e monárquica. Combatemo-la nós, - os que Deus escolheu para o dever sagrado de restaurarmos a dignidade tradicional da Raça!

Só assim expungiremos da nossa história a data fatal que de uma vez amanheceu para nós, como um vento mau de desgraça, aos tantos de Agosto de 1820, dia de S. Bartolomeu em que anda o diabo à solta. E à solta ele tem andado desde então sobre os destinos do nosso pobre país!

O OITAVO SACRAMENTO

No mesmo livro António Sardinha debruça-se sobre a legitimidade da Realeza, num interessante capítulo onde, mais uma vez, socorrendo-se da sua vasta cultura, cita diversas e abalizadas opiniões sobre o comportamento que se impõe aos monarcas, sem o qual, permitindo a concepção materialista da soberania popular, acabam por sucumbir.

À Realeza legítima em França chamou-lhe Renan "oitavo sacramento". Nascida da íntima formação cristã da Europa medieval, como exemplo que era de uma verdadeira monarquia, o poder advinha-lhe, com efeito, de uma espécie de ordenação religiosa, que, enquanto o delimitava com sérias responsabilidades morais, lhe conferia sobre todos os homens os atributos sagrados de uma como que segunda paternidade. Não lhe faltavam para isso, na cerimónia tradicionalíssima de Reims, nem a assistência eclesiástica, nem a imposição simbólica dois Santos Óleos. Daí o ser como que um outro sacramento da Igreja, que, na sua obra formidável de reorganizar a sociedade de entre os escombros do Império Romano pulverizado, da Família tirou a Propriedade e da Propriedade a força coordenadora da Soberania.

A Soberania originou-se assim na própria natureza da comunidade familiar, aplicando ao Estado, nas suas funções de justiça e de protecção, a mesma ordem de factos que determinava a acção do pai no pequeno mundo das relações domésticas. Não é para aqui o exame da génese e desenvolvimento da Realeza como filha primogénita do Cristianismo, por cujo influxo a civilização se recupera lentamente da longa anarquia bárbara. Basta assinalar o seu carácter paternal, que só se perverteu depois que o advento do Direito Romano abriu as portas a essa formidável revolução, de que, na frase enérgica de alguém, a Revolução Francesa não foi mais que um episódio.

Reconhecendo à Realeza do seu país as virtudes de um oitavo sacramento, Renan achara a definição exacta do espírito místico que sempre iluminou nas mais difíceis conjunturas a existência dos grandes monarcas.

Os Reis, para serem, realmente, os chefes dos seus povos, precisam de acreditar no seu direito, que é para eles o mais espinhoso de todos os encargos humanos. Desde que o filantropismo revolucionário os invade no disfarce das apelidadas *"ideias modernas"*, eles perdem, com a dignidade da sua missão, a confiança na finalidade para que o destino os coloca ao leme da nau do Estado. O poder não se lhes comunica apenas pela sua posição individual, nem por benefício da fortuna, nem por património do sangue. Vem-lhes de mais alto e de mais atrás. Ou de Deus, para quem, indo à fonte das coisas, só em Deus haja de estabelecer a base fundamental da Autoridade. Ou então do sufrágio secular da História, realizando, por intermédio das gerações, o pacto secular de uma nacionalidade com a sua dinastia. Os Reis, quando o sejam em magnitude e em consciência, são mais do que ninguém os "servidores" do seu povo. Como *"pastor não-mercenário"* nomearam em Quatrocentos os representantes dos nossos concelhos a D. Afonso V. *"Procurador dos descaminhos do Reino"* a si mesmo se intitulou El-rei D. João IV. E em mais de uma passagem da vida dos nossos primeiros monarcas nós encontramos sempre presente a convicção de que a Realeza não é um privilégio, - não é um exercício arbitrário de um comando, mas antes uma magistratura, uma como que obrigação social.

É conhecida a disposição de D. Afonso II nas Cortes de Coimbra de 1211 sobre sentenças de morte. Reza ela: - *"Por que a sanha sobe a embargar o coraçom que nem pode ver dereytamente as cousas, por ende estabelecemos, que se por ventuyra no movimento do nosso coraçom a alguém julgarmos morte, ou que lhe cortem algum membro, tal sentença seja perlongada até vinde dias, e deshi adeante seerá a sentença a execuçom, se a nós em este comenos nom revogarmos.*

Como se vê, não se declamavam ainda os falaciosos messianismos da liberdade contemporânea. Mas o respeito do nosso semelhante brotara da própria conformação cristã do poder que levava o *Regulamento da Casa da Suplicação,* entre nós, a designar o rei como *Vigário de Deus*.

Mais de que qualquer pedaço de papel que as ficções liberalistas convencionassem tratar de *"Constituição"*, imperava, e profundamente, o que já Le Play entendia como sendo a "constituição essencial" da sociedade, - isto é, aquele conjunto de regras morais e religiosas que a Igreja depositara nos alicerces do mundo europeu, ao levantá-lo da dissolução no burburinho total das invasões germânicas. Os Reis sabiam bem que os reinos não lhes pertenciam em propriedade absoluta e que não se lhes encontravam à frente, senão para os dirigir em bondade e em direitura. Tudo se resume, afinal, com a mais vigorosa das simplicidades, nas últimas palavras de D. Fernando sobre o leito de morte, segundo o texto de Fernão Lopes: - *"Todo esse creo como fiel christão, e logo creo mais que Elle* (Deus) *me deu estes Regnos pêra os manteer em direitro e justiça; e eu por meus pecados o fiz de tal guisa, que lhe darei delles muy mão conto: e em dizendo esto, chorava muy de voontade, rogando a deus que lhe perdoasse".*

À Realeza anda ligado assim um património espiritual de que não pode abdicar, sem abdicar da sua íntima razão de ser. Porque não acreditava talvez no seu direito, já imbuído do filosofismo naturalista da época, Luís XVI caiu do trono e morreu no cadafalso. A Restauração cedeu perante as barricadas de Julho, não, como se pretende crer, porque a intransigência dos "ultras" a incompatibilizasse irredutivelmente com a nação, mas porque o rei legítimo, voltando a ocupar o trono de França, não era mais sobre a França tradicional que reinava – cercado de instituições republicanas, de pé a legislação civil de Napoleão e com regicidas, como Fouché, servindo-o, inclusivamente, nas supremas regiões do Estado. Eis onde se filia a queda de Carlos X, numa hora em que o revolucionarismo renascia das suas cinzas e quando a aclamação do Conde de Chambord, criança ainda, quase dependeu unicamente de um discurso que Chateaubriand, o mais incorrigível dos românticos, não esteve para pronunciar. Com vigorosa síntese observa o publicista Coquille: - "Afirmava um realista, durante a Restauração, que Luís XVIII tinha usurpado o trono. Isso era um pouco verdade, porque o Rei, fiel aos princípios de 89, sentava-se sobre o trono de Napoleão, e não sobre o de Luís XVI".

Falta aos reis da actualidade o misticismo do seu ministério. A Realeza não é mais o "oitavo sacramento" de que respeitosamente nos falava Renan. *"Je suis fonctionnaire lá-bas"* – conta-se de uma ironia amarga do nosso D. Carlos em Paris. Os "reis-funcionários" deixam-nos ver a fraqueza da sua envergadura na facilidade com que abdicam de prerrogativas seculares e tomam, contentes, o caminho do exílio. São todos da psicologia desse outro que Alphonse Daudet[36] estudou num dos seus romances mais aclamados: - empenham os brilhantes da Coroa e gritam-lhe de cima dos *omnibus: -Au complet!,* quando se esfalfam a correr-lhe atrás, para apanharem

---

[36] Alphonse Daudet, Nimes, 12 de Maio de 1840 – Paris, 17 de Dezembro de 1897, romancista, poeta e dramaturgo francês.

um lugarzinho lá dentro. Tal o motivo porque estão em crise as realezas europeias que não se curaram ainda da sua origem revolucionária.

"*Os reis vão-se, porque já não têm fé!*" – dizia profeticamente o rei Cristiano da novela célebre de Lemaître[37]. E na entrevista do pai com o filho. A verdadeira Realeza aprumava-se na agonia, não tendo mais a encarná-la senão o fantasma desse velho debruçado para o túmulo. No momento de renunciar em Hermann a coroa augustíssima da Alfania, Cristiano incita-o a crer no seu direito real. Parece que na majestade da sua palavra ressurge a rajada eloquente de Bossuet: - "*Ó reis, governai ousadamente!*". Tocado do ideologismo filantrópico que decapita os reis e suicida os povos, Hermann repara-lhe que o seu desejo é preparar um estado social onde seja menor o sofrimento moral dos homens e menos sensível a desigualdade dos direitos. "*Acreditais então* troveja-lhe a voz de Cristiano -, *acreditais então que o sofrimento se suprime por meio de leis e de instituições? Não se suprime nem se diminui porque o homem, à medida que se melhora a sua condição material, encontra novas formas de sofrer. O verdadeiro fim da realeza consiste em manter uma hierarquia mandada por Deus, pela qual subsiste a ordem, que é o primeiro bem dos povos, e se deixe cada um no seu lugar, obedecendo e dedicando-se, trabalhar, por si próprio, para a sua salvação eterna*".

Trabalhar para a nossa salvação eterna é trabalhar para a conservação da sociedade. Neste ponto, como nos demais, a linguagem teológica corresponde à linguagem positiva. O que é o poder senão uma necessidade da sociedade em se conservar? Porque vem da própria natureza segundo os que não crêem, ele deriva de Deus, que é o autor da natureza, segundo os que crêem. Não se defende com isto a monarquia de direito divino! A Igreja condena-a até terminantemente. O que se assevera é uma coisa diversa: - a origem divina de todo o poder. É acidental a posse que o exerce; mas, exercendo-o, sabe que o não exerce como sua pertença.

---

[37] Georges Lemaître. Charleroi, 17 de Julho de 1894 – Louvain, 20 de Junho de 1966. Padre católico, astrónomo e físico belga. Autor da teoria do Big Bang.

Não são outras as limitações da Realeza cristã, que só se desviou para o Absolutismo quando a influência do Direito Romano a corrompeu. Dizem-se constitucionais as monarquias hodiernas. Porque comportam consigo um princípio contrário à sua índole, terminam sempre numa balbúrdia inglória da rua, depois da insignificância de meia dúzia de tiros. É que o poder sobe-lhes de baixo para cima, derivado dessa heresia social e religiosa que é a concepção materialista da *soberania do povo*. São por isso a negação da verdadeira Realeza, que depõe na fé e na legitimidade do direito a inspiração segura do seu carácter providencial.

O nosso tempo, dissipando a mentira democrática, surgiu também para acabar com os Reis *à bom marche,* - no sarcasmo inexorável de Balzac[38]. No *sabbat* revolucionário em que a Europa estremece até aos fundamentos, ei-los que se vão desfeitos com a sombra, como que cumprindo a predição do velho rei de Lemaître. Não se sentem predestinados, à altura das suas responsabilidades, perante Deus e perante a História. A Realeza para eles, sendo um mandato, não é mais o "oitavo sacramento", que enchia de admiração o testemunho insuspeito de Renan. Reinando em nome dos "Direitos do Homem", parecem sentados no seu trono simples usurpadores, - como já dizia de Luís XVIII o realista da Restauração. Despedem-nos, um dia, como a um feitor de quem se não precisa mais. E eles, inclinando a cabeça, partem, obedientes, a dar-se no exílio *rendez-vous* uns aos outros. Depois, em paris, aguarda-os do alto dos *omnibus* o indiferente *Au complet!,* quando correrem pelo passeio, segurando o chapéu e a bengala, a ver se apanham ainda um lugarzinho lá dentro.

Não nos resignamos nós, que somos moços e encaramos, serenos, a face do futuro, a essa demissão voluntária da Realeza. E, olhando à nossa volta, com uma pátria a reconstruir e uma civilização a defender, daqui gritamos bem alto, como outrora os Hebreus a Samuel: - *"Queremos um chefe que marche à nossa frente e que faça a guerra connosco!"*.

---

[38] Honoré de Balzac, Tours, 20 de Maio de 1799 – Paris, 128 de Agosto de 1850, romancista francês.

DEPOIS DO DILÚVIO

No livro "A Feira dos Mitos", António Sardinha define-se como um renovador e não um conservador e afirma-se um militante de todos os apostolados.

Nós já viemos depois do dilúvio! Não nos pertence nenhuma responsabilidade nesse passado de ruína e de suicídio que lá vai sumido, do qual só conservamos a lembrança para nos servir de lição proveitosa. Os horizontes da nossa mocidade sentem-se carregados pela apreensão do dia de amanhã. Achamo-nos vítimas de erros que não cometemos. Por isso, se nesta hora amarga só existimos para o cumprimento dos nossos deveres, há um direito de que não abdicamos, - o direito supremo de acusar!

Nós não somos patriotas por sermos monárquicos. Somos antes monárquicos por sermos patriotas. Pondo a nacionalidade como razão e fim de nós próprios, concluímos na necessidade do Rei como elemento orgânico do seu prestígio e da sua existência. Assim, não condescendemos por honra nossa com os sofismas e com as ficções que durante quase um século tornaram Portugal num seminário fecundo de incompetentes e de aventureiros.

Múltiplas, e de exame complexo, se nos apresentam as causas da decadência do nosso país. Entre tantas avulta, como agravamento de todas elas, a implantação do regime dito "liberal". O Constitucionalismo é criminoso de lesa-pátria! Não só anarquizou a nacionalidade com as medidas insensatas de Mouzinho da Silveira, mas, filho dilecto da Maçonaria, o seu triunfo foi facilitado por verdadeiros traidores, como Cândido José Xavier e Bento Pereira do Carmo, ambos consagrados, por amor da Liberdade, - da tal que matou as "liberdades", aos interesses de Napoleão.

É uma página negra a vida política da *Carta* que um estrangeiro nos impôs e que outro estrangeiro nos trouxe na algibeira, como um favor supremo dos deuses. Portugal deve-lhe os últimos golpes na sua resistência tradicional e não seremos nós, - os moços, que a deixaremos restabelecer. Chegamos de mais largo que das areias desonradas do Mindelo, e não estamos aqui formando quadrado para que Pacheco e Acácio sejam reconduzidos sem incómodo na carreira corrida da governança pública. Erguemos os olhos para bem longe e para bem alto! É para o Portugal Maior que eles se dirigem numa ânsia sagrada de resgate, com as pupilas cheias de visões de maravilha.

No disperso indiferentismo da nossa época um grande sonho nos irmana, - sonho em que parecem renascer as energias ancestrais da Raça. De certo modo, não somos nós, na nossa precária forma individual, quem se alinha debaixo do pelicano simbólico da Grei, contra as investidas crescentes dos inimigos de dentro e de fora. Não! À sombra duma doutrina de salvação nacional, não é neste momento a mocidade portuguesa que enfileira unicamente. São os nossos Mestres, - são as virtudes de sempre, as virtudes rurais e guerreiras dum povo, já imortalizado na história do mundo como um dos pioneiros mais nobres da civilização. O Sangue recupera os seus direitos esquecidos. E, porque o Sangue os recupera, os fantasmas ideológicos da Revolução empalidecem na sombra ena sombra se desfazem.

Eis por que a nossa política não é uma política abstracta de princípios. É sim uma *política*, mas uma política assente em realidades, de base eminentemente histórica, sem outro destino que não seja o destino comum de todos nós. Não pensamos, num critério estreito de partido, em restaurar a Monarquia em Portugal. Pensamos antes em restaurar Portugal pela Monarquia.

Não somos *conservadores,* - palavra amolecida que nada exprime. Somos antes *renovadores,* - na definição claríssima do grande Marquês de La Tour du Pin. Como *renovadores,* a nossa doutrina é uma doutrina de *violência*, realizando na *acção* o *pensamento* que a inspira. Vive connosco o militante de todos os apostolados. Em apostolado da pátria, batemo-nos pela Igreja, que é a sua única força moral, e damos ao Rei o fogo desinteressado da nossa dedicação, - ao Rei, que é a melhor garantia do nosso futuro e a segurança mais firme da nossa vitalidade!

Tais são as ideias que nos unem e prendem numa identidade de sentimento e de inteligência, como outra não houve ainda em horas tão duvidosas, - nas horas que estão decorrendo! Não existia em Portugal uma aspiração que solidarizasse e nos desse finalidade. É para semelhante obra que nós viemos, - nós que já chegámos depois do dilúvio! Que a nossa verdade, - a *Verdade Portuguesa*, resplandeça para os homens de boa vontade e para as criaturas de pouca fé na claridade augustíssima com que resplandeceu outrora nas cumeadas máximas da Era de Quatrocentos! Um ódio santo nos deve ligar: o ódio contra a mentira liberalista, deformadora das qualidades rijas do carácter português. E, como aquele herói de Homero, combatamos sempre em plena luz, ainda que essa luz seja uma luz de tempestade! A Pátria viverá! Mas para que ela viva é o seu génio. "Ninguém poderá extinguir a Revolução – escrevia Augusto Comte – com as mesmas teorias com que foi iniciada. O que serviu então para destruir não pode hoje servir para construir!" Fixemos a sentença do filósofo, que é da mais franca e sincera actualidade. A República não seria possível, se não tivesse sido possível o Constitucionalismo. Não o olvidemos nunca! Não o olvidem, principalmente, os moços de Portugal. É a quem pertence o encargo piedoso de descer a Pátria da cruz. De joelhos, gente nova do meu País! Chegou o instante da pranchada nobilitadora, - vai-vos ser conferida a sagrada ordem da Cavalaria!

*

Mais adiante, no mesmo livro, Sardinha debruça-se sobre o tradicionalismo e aborda no seu âmbito a descentralização do poder.

Num país em que o sentido das palavras e das ideias anda totalmente pervertido, bom será que precisemos o que seja o significado social e político do verdadeiro tradicionalismo.

Desde já se repele o conceito corrente de "Tradição". Para nós a "Tradição" não é somente o Passado. É antes a *permanência* no *desenvolvimento*. Sendo assim – e não é outra a base filosófica das doutrinas tradicionalistas -, as instituições dum povo não podem nunca considerar-se como um acto de exclusiva vontade pessoal ou como a imposição deliberada de um grupo maior ou menor de indivíduos. A sociedade é uma *criação*, não é uma *construção*, - não é um mecanismo. Porque é uma *criação*, a sua existência é condicionada por certas leis naturais, de cuja acção convergente um dia resultou. Ora por "Tradição" nós temos que entender necessariamente o conjunto de hábitos e tendências que procuram manter a sociedade no equilíbrio das forças que lhe deram origem e pelo respeito das quais continua durando. Porque as coisas existem pelas mesmas razões porque se geram, é que, cientificamente, a doutrina democrática é um erro grosseiríssimo. Socorreu-se durante quase um século duma concepção errada do darwinismo. Debaixo do prestígio das teorias evolucionistas, tornou-se a sociedade como uma transformação incessante, tentando realizar um longínquo ideal de aperfeiçoamento, - desse aperfeiçoamento já entrevisto, através da utopia estulta do Progresso Indefinido, pela mentalidade rudimentar dos filantropos da Revolução. Donde, a aparente superioridade intelectual de que se revestiram por largos tempos os princípios nefastos que hoje combatemos. A renovação dos estudos históricos veio ensinar-nos, porém, uma visão mais exacta dos fenómenos sociais. Um outro método derivou daí, mais experimental, mais positivo. E não tardou que o critério de "Evolução" se modificasse duma maneira fundamental. Contribuiu bastante para isso o resultado estrondoso das descobertas de René Quinton[39].

Estabelecendo a *lei da constância original dos seres* sobre os dados recolhidos ao longo de uma série escrupulosa de observações, nós devemos a René Quinton uma nova compreensão biológica da Vida. Por ela se prova a extensão caprichosa e ilegítima que se atribuía às conclusões de Darwin[40].

Não nega René Quinton a Evolução, mas restringe-lhe o alcance, concretizando-lhe as probabilidades. *"La fixité domine l'évolution,* - escreve Lucien Corpechot, comentador da obra de

---

[39] René Quinton. Chaume-en-Brie, 1866 – Paris, 1925. Naturalista, fisiologista e biologista, que ficou conhecido por o "Darwin francês".
[40] Charles Darwin. Shrewsbury, 12 de Fevereiro de 1809 – Londres, 19 de Abril de 1882. Naturalista inglês, autor do famoso livro "Origem das espécies".

René Quinton. *La fixité est le príncipe; l'evolution, le corollaire"*. É que a natureza – segundo um outro sábio, George Bohn -, tem o horror das variações. Não procura senão manter com afinco a pureza do seu *meio vital*, - isto é, a inviolabilidade daquelas circunstâncias especiais que a geraram, e de cuja guarda e duração depende inteiramente a sua existência.

Não podemos examinar aqui as consequências altíssimas das descobertas de René Quinton. Contudo, desde que a Vida não procura senão reproduzir-se inalteravelmente, dedicando todo o seu esforço à manutenção da sua integridade original, verifica-se ruidosamente a falência dos socorros fornecidos pelo transformismo às falsidades sociológicas da Democracia. É escusado salientar o extraordinário socorro que a ciência nos traz a nós outros, - os tradicionalistas, com semelhante demonstração. Paul Borguet vê, com efeito, nessa lei da *constância original dos seres* um testemunho do valor objectivo das verdades proclamadas pelos grandes mestres da Contra-Revolução.

Não que as regras biológicas hajam de governar o nosso conhecimento nos domínios do pensamento político! O eminente Dr. Grasset traçou os limites da biologia e não seremos nós quem os ultrapassará, constrangendo-os à aceitação de problemas que não cabem dentro da sua órbita. Mas Paul Bourget resolve-nos a dificuldade. "*Quand M.Quinton* – respondera ele – *nous démontre qu'il existe une loi de constance du milieu vital, ce n'est pás manquer aux bonnes méthodes que d'assignaler l'accord saisissant entre cette hypothése et le vieux príncipe sur les gouvernements jadis proclame par Rivarol:* res eodem modo conservatur quo generantur".

A ideia de "Tradição" reabilita-se assim com profunda e inesperada claridade! No desenvolvimento das colectividades a persistência do elemento tradicional representa a mesma acção de *constância* de que René Quinton faz a essência íntima de toda a evolução. Já a escola cartesiana nos ensinava que "todo o ser tende a perseverar no seu ser". "*La fameuse loi de Darwin* – depõe ainda Paul Borguet -, *dont l'ignorance dês incompétents a fait un synonyme de changement, resume, au contraire, l'effort vers la durée, la permanance par l'adaptation. L'Espèce n'évolue que pour se mantenir, pour conserver la possibilite d'accopmplir certaines fonction sans lesquelles elle n'existerait plus. Ses modification, si paradoxale qui semble cette formule, ne sont qu'une resistance"*. E Bourget termina por afirmar que as raças sãs não evolucionam senão para proteger a sua conformação social, com a perda da qual viria fatalmente a desnacionalização, que o mesmo é que a desnaturação.

Compreende-se, pois, o sentido social e político do "tradicionalismo". Se, por exemplo, se fala no municipalismo português, ninguém pensa em voltar aos forais, tal como a Idade - Média os concebeu, nem aos procuradores das vilas, recebidos em Cortes por procuração passada em termos imperativos. O que se pretende é conservar esse apreciável instinto localista que assegura de *per si* a realização de mais saudáveis medidas descentralizadoras no interesse do Estado e no aproveitamento das diversas representações regionais e provinciais. Deste modo, a política é para nós uma *realidade* – uma como que *experiência*, garantida e comprovada pelo decurso da história.

A história – e não as nossas predilecções doutrinárias – é que nos deve guiar na determinação do regime que mais convém aos destinos duma nacionalidade. Já Taine[41] asseverava que não deviam existir "constituições" escritas. O que existe é uma "constituição" ditada pelo passado e que, sendo a segunda natureza de um povo, não se alienam com ela as condições de vida do mesmo povo.

Reputo definido o verdadeiro, o rigoroso conceito da "Tradição". Antecipando-se ao seu tempo, o Senhor de Bonald declarava há mais de um século que as instituições do passado não eram boas por serem antigas, mas eram antigas por serem boas. Eis aqui o fundamento positivo do "tradicionalismo". *Non nova, sed nove*. A "Tradição" para nós não vale sentimentalmente, como as ruínas valiam para os românticos, - como uma quantidade morta, que a saudade encheu do seu perfume estranho. Não, leitor amigo! A "Tradição" vale, sobretudo, como a *permanência na continuidade*.

---

[41] Hippolyte Adolphe Taine, Vouziers, 21 de Abril de 1828 – Paris, 5 de Março de 1893, historiador, académico e crítico francês.

Corresponde àquela *ideia directriz* que já Claude Bernard[42] assinalava como presidindo ao desenvolvimento dos seres. Quebrá-la é cortar a sequência hereditária, romper os antecedentes morais e sociais de que somos um elo aditivo. Regressar à "Tradição" não é, portanto, regressar a um ponto interrompido, já a sumir-se além, nas nuvens da distância. É antes inserir-nos nos moldes próprios da nacionalidade, mas na altura precisa em que estaríamos hoje, se a ruptura não se tivesse produzido. Numa palavra, e conforme Paul Bourget: - o doente que delira a 40° de febre não *recua*, se recupera a temperatura normal. Bem pelo contrário, ele *progride*. Restituir ao nosso país o seu *meio vital* obliterado, o mesmo é que restituir o doente ao seu estado anterior de saúde. Tal é o valor da "Tradição", como nós o olhamos e a ciência o acredita. "*Sans tradition* – observa algures Galéot -, *chaque génération en serait au meme point que la premiére. Nous en serions toujours à l'âge de pierre* ". Acentuemo-lo bem na hora que passa, para que as inteligências bem dotadas se compenetrem da actualidade da nossa aspiração e da sua plena concordância com as correntes mais notáveis do pensamento moderno. É como teremos respondido aos que nos imaginam divorciados da marcha da sociedade, passeando o nosso suposto arcaísmo sobre uma paisagem de forcas e fogueiras inquisitoriais!

PÁTRIA E MONARQUIA

Ainda no livro "A Feira dos Mitos", Sardinha faz a apologia da Monarquia, afirmando que foi ela que deu lugar à existência da Pátria e sublinha que será difícil a existência de nacionalidade sem Monarquia.

Vejamos o que escreveu a este propósito:

Este problema da identificação da Pátria com a Monarquia, ninguém o colocou melhor do que o insigne Alberto Sampaio. Em nota à sua monumental monografia – As *"Vilas" do Norte de Portugal*, escreve esse malogrado espírito que entre nós foi o único

---

[42] Claude Bernard, 1813 – 1878, médico e fisiologista francês.

tocado pela influência salutar de Fustel de Coulanges: - *"Formado pela educação histórica, é ele* (o génio da Raça, na sua própria frase) *quem organiza a vida social; sobre esta, nada pode a acção do Governo, decisiva pelo contrário na vida nacional."* De facto, assim é. A aptidão comunitária da gente que subsistiu, através de tantas invasões, no noroeste peninsular, veio, pelo andar dos séculos, a traduzir o belo instinto nacionalista, que tornou possível a formação de Portugal. No entanto, as qualidades naturais da Raça não vingariam nunca, se às tendências expansivas o Estado não acabasse por lhes conferir uma finalidade e uma consciência. É aqui que a Monarquia intervém, realizando pelo egoísmo dinástico a consolidação definitiva da Pátria, saída já do protoplasma primitivo e entrada enfim na sua fase de diferenciação jurídica e política.

São-me sugeridas as presentes reflexões pelo debate levantado em pleno Parlamento sobre a obra colonizadora da Monarquia no Brasil. O sectarismo da maioria pronto atalhou que não fora a Monarquia, mas sim a Pátria, que no Brasil nos criara um segundo Portugal. Claro que a Monarquia – ideia de regime, bandeira de partido, é uma novidade de importação que só aparece em Portugal quando a divisão moral do século passado provocou, pelo advento dos princípios da Revolução, as lutas civis em que o equilíbrio das aspirações colectivas seria substituído pela supremacia de uma opinião triunfante.

Antes disso, na sua completa significação, "Monarquia" em Portugal valia o mesmo que "Pátria", de que era o órgão necessário à sua vitalidade, à sua independência e à sua duração. Confirmando o acordo das preferências obscuras da nacionalidade com o prestígio e a soberania da Realeza, a nossa História demonstra-nos que, em transe nenhum, a conveniência dinástica se mostrou divergente ou antagónica da conveniência geral. Pode a Monarquia anteceder a nacionalidade. Mas nacionalidade sem Monarquia é que nós não vamos persistir e fortificar-se na existência acidentada dos povos da velha Europa.

Compreende-se assim a inteira identificação da Pátria com a Monarquia. A Pátria reflecte as maiores ou menores possibilidades dum agregado nacional para o seu desenvolvimento e para a sua permanência. Esse desenvolvimento e essa permanência é que não se obtém sem que, no Estado constituído, a noção do interesse de uma dinastia nos surja a desposar o interesse da comunidade. A demonstração é fácil de se deduzir, se há quem lhe pretenda contestar a evidência. Nos termos de Alberto Sampaio, a capacidade orgânica da nossa raça conseguira estabelecer a vida colectiva. São os primórdios duma nacionalidade, são os seus alicerces mais seguros. É donde nasce a irresistível inclinação separatista que Herculano nos assinala insuspeitamente ao observar que "é impossível deixar de reconhecer na série dos factos que ilustram a história do estabelecimento da independência portuguesa certo instinto da vida política individual nas populações aquém do Minho, que já anuncia nelas a futura perseverança com que resistiram desde então até hoje a assimilar-se ao resto da Espanha e a incorporar-se nela."

Elemento para contar, de nada nos serviria, entretanto, se a ambição de D. Tareja, consubstanciada depois em D. Afonso Henriques, não desse origem a um Estado onde vibrava, já em franco florescimento, o condicionalismo indispensável para uma existência de povo livre. No dia em que um príncipe desfralda o pendão da revolta, é Portugal que se emancipa. Possuindo um chefe, possui na continuidade e na persistência desse esforço a acção inteligente e una, sem a qual não há poder que facilite a defesa na guerra e que garanta a autonomia na paz.

Apesar de nos *Opúsculos* haver afirmado que "na história das instituições os Povos da Península são mais velhos do que eles pensam", ninguém ignora que Alexandre Herculano considerava Portugal unicamente um produto da política exclusivista dos seus príncipes. "Obra a princípio de ambição e orgulho – comenta o historiador -, a desmembração dos dois condados do Porto e de Coimbra veio por milagres de prudência e energia a constituir, não a nação mais forte, mas decerto a mais audaz da Europa nos fins do XV século". De nada mais careceríamos para testemunhar bem claramente quanto a Pátria anda ligada à Monarquia, e quanto a

Monarquia é a razão essencial de toda a sua glória e viabilidade.

    O mesmo juízo nos oferece Oliveira Martins, não obstante a sua funesta teoria do Acaso, negando-nos criminosamente fundamentos de nacionalidade. Ora se na visão restrita daqueles mesmos autores, para quem as nossas condições de nação autónoma não se revestem de nenhuma explicação que não seja a dum simples arranjo dinástico, a Monarquia é desta maneira apresentada como a força íntima que gerou a Pátria, com dobrados motivos a temos nós que reconhecer e aceitar como tal, olhando a que, sem ela, sem a sua decisão eficaz e rápida, o irredentismo do condado portucalense jamais iria além das debilitadas reivindicações regionalistas da Galiza actual. Alberto Sampaio examinava, pois, o problema com exactidão. Se a vida social já existia, a vida nacional não existiu, enquanto não existiu um governo que lhe imprimisse forma e consistência.

    Mas nós dissemos que poder a Monarquia anteceder uma nacionalidade. Mas nacionalidade sem Monarquia é que não se descobre no desenho emaranhado que são as origens das nacionalidades europeias, - insistimos agora. Com efeito, em França a Monarquia antecede a Pátria, cuja unificação começa lentamente, num labor demorado e difícil, com a subida dos Capetos ao trono. Na verdade, só com Henrique IV é que a França concretiza e fixa as linhas definitivas da sua fisionomia. Também a Alemanha se arrastou através dum longo purgatório antes de conhecer a unidade, porque lhe faltou a sequência dinástica, graças à qual – depõe Lavisse – "outros países se constituíram em Estados que a seguir se tornaram nacionalidades". Opostamente, duas nacionalidades, com as suas características bem marcadas, bem assentes, acabaram por perder a independência porque deixaram perder a monarquia no meio das discórdias intestinas. Refiro-me – é de ver – à Hungria e à Polónia.

    Mas a Suíça? – perguntarão. Triste "placa giratória" da Europa, a Suíça não é mais que a neutralização, a favor dos seus vizinhos poderosos, do antigo caminho da Europa através da montanha. Sem política externa nem actividade económica apreciável, a Suíça não é uma nação nem um Estado. É antes um artifício, conservado e guardado pelas conveniências internacionais do nosso continente, onde o que há de estrutural e de típico nada mais é do que a sobrevivência dum cantonalismo tão arcaico como pitoresco.

Equacionada a questão no ponto em que a fixamos e que é rigorosamente o verdadeiro, não é lícito atribuir à Monarquia o sentido partidário em que as circunstâncias presentes a pretendem tomar. "Monarquia" equivale a "unidade da nação" pela "unidade do poder". Admirável palavra a de Balzac, ao exclamar em face do embarque de Carlos X em Chesburgo: - "O Rei é a pátria encarnada, os reis somos nós mesmos!" Porque o rei é a pátria encarnada, João de Barros, - o antigo, o das *Décadas*, escreveria em Quinhentos: - *"Grande glória é morrer por nossa Lei, por nosso Rei, que são as mais justas causas de morrer. A Grei, que é a congregação dos nossos parentes, amigos, e compatriotas, a que chamamos* república, *celebra o nosso nome de geração em geração. O nome Português é por isso tão celebrado no Mundo, a quem Deus deu este particular dom sobre todas as outras Nações. Defensores da Fé, e leais ao serviço do seu Rei."* (*Décadas II,* liv. 3.º, cap. 3.º).

Sem esta identificação da Pátria com a Monarquia, quem, como os primeiros Reis, atribuiria direcção às qualidades construtivas da Raça, libertando a terra e enraizando depois as populações? Um instante depois, quando uma dispersão de soberania ameaça desfazer o reino herdado, quem o salva senão a energia tão caluniada por vezes do alto político que foi D. Afonso II? Porque é que a nacionalidade se abisma quase na morte ao declinar o século XIV? Porque morre um rei e a sua sucessão é discutida. Sem dúvida, em 1384 são os concelhos que iniciam o movimento resgatador. Mas sem um rei, sem a monarquia, esse trecho da nossa epopeia municipal abortava em cenas avulsas de carnagem, com todos os estigmas duma verdadeira *jacquerie,* que Basílio Teles é o primeiro a apontar. Porque há um rei, a Pátria entra no período magnífico de Quatrocentos. Quem desenvolve a expansão, quem mantém o alto pensamento das Descobertas? As virtudes da raça afirmam-se, é certo; são a matéria-prima. Quem as adivinha e estimula, porém? O

Rei, sempre o Rei, que é na sua forma visível a Pátria bem viva, bem personalizada.

Na hora em que se extingue a segunda Dinastia, porque a Pátria, exausta, não consegue impor-se um rei natural, o ceptro arrasta consigo, na sua queda, quase a perda da nossa independência. Mas tão depressa encontremos um Rei natural, com a ressurreição da Monarquia é Portugal que ressurge. No regime de unidade nacional em que a Pátria então vivia, os eruditos de Alcobaça designam as suas Crónicas por *"Monarquia Lusitana"*, como nós escreveríamos hoje *"História de Portugal"*. E consagrando essa estreita aliança, no renascimento do nosso eruditismo, D. António Caetano de Sousa comporia a *História Genealógica da Casa Real*.

Fica mais que evidente a razão por que o duque de Orleães ditou um dia a sua fórmula célebre: - *Tudo o que é nacional é nosso!"*. É que a Monarquia, pairando acima das dissensões, mais alta e mais forte que os partidos, quando não cria a pátria, é o único princípio que a conserva e glorifica. Na insurreição do indivíduo contra a espécie, utilizando a frase célebre de Comte, não o quererão assim as mentalidades mordidas do pior sectarismo. Quere-o, porém, a obra secular da nossa história, que é a obra dos nossos Reis colaborando com a nossa raça. Meditemos nós tão grande lição! Deixaram-nos ficar eles em morgadio o património sagrado da terra portuguesa. Não foram perante as gerações senão os seus administradores. *"Procurador dos descaminhos do Reino"* se intitularia de uma vez espontaneamente, a si próprio, El-rei D. João IV.

Descaminha-se o Reino, porque não temos Rei. E porque não temos Rei, é que a pátria está em perigo. Renove-se o velho consórcio de Portugal com a Monarquia e logo haverá quem nos dirija e caminhe à nossa frente!

A FAMÍLIA – CÉLULA

FUNDAMENTAL DA SOCIEDADE

Não basta reconhecer que a célula fundamental da sociedade é a família, - e não o indivíduo. Para que a família prospere e exerça com prestígio as suas funções salutares, é preciso assegurar-lhe com a indissolubilidade devida a necessária fixidez. Se em Portugal a lei anti-social do divórcio acabou de desorganizar a família, ela já estava há muito condenada ao enfraquecimento e à ruína, desde que o velho sistema vincular cedeu de todo em todo ao regime da partilha forçada na herança, introduzido nas nossas instituições jurídicas pela influência nefasta do Código de Napoleão.

Não se compreende família estável, - família duradoura, sem a correspondente base económica, embora não pense assim o individualismo excessivo da nossa legislação, que, a partir de 34, raramente é digna de registo, debaixo de qualquer ponto de vista construtivo. Acumularam-se destroços sobre destroços, num país em que o delírio reformista atingiu o máximo da sua intensidade, dado o entusiasmo romântico daqueles que um dia se meteram a "regenerar-nos" em nome dos Imortais Princípios. Nessa disposição de espírito, os Vínculos viram-se abolidos por uma política de ideias abstractas, mais com razões de sentimento do que com razões de inteligência. Ainda agora é o sentimento que os enegrece e repele, considerando neles uma violação dos sagrados direitos do indivíduo. Olham-se como um privilégio odioso, - e não como um instituto de previdência e protecção. Manifesta-se evidentemente aqui uma ignorância global de quais sejam as vantagens sociais e morais do património vinculado numa hora em que a própria França republicana tende a restaurá-lo com o seu *"bien de famille insaisissable"*, estabelecido também pelo recente *Código Civil Brasileiro*, artigos 70.º - 73.º.

Afinal a defesa dos Vínculos, pondo de parte os aspectos teóricos da questão, pode hoje muito bem fazer-se em nome da experiência, comparando não só os resultados que a Alemanha e a América do Norte têm tirado dos *hoferollen* e do *homestead*, mas cotejando, sobretudo, a fragilidade dos lares contemporâneos com a resistência assombrosa das famílias antigas.

As famílias antigas resistiam, - e resistiam agarradas à terra, nem consórcio admirável com a propriedade, que as fortificara e engrandecera. Isso importava consigo a ausência de certos males que a sociedade moderna padece. O absenteísmo não depauperava então a vida dos campos e as populações rurais, enraizadas no solo, não tomavam, como agora, o caminho dos centros urbanos, engrossando a hoste cada vez mais numerosa dos deserdados e dos descontentes. O êxodo para as cidades é hoje assustador, como assustador é o predomínio abusivo das grandes Tentaculares – na imagem inolvidável de Verhaeren[43] -, que sorvem tudo às províncias paralíticas, - braços, dinheiro, actividades e representação. Por outro lado, a família não consegue ultrapassar, intacta e forte, mais que duas ou três gerações. Contribui estruturalmente para que essa deficiência orgânica a partilha igual de bens em matéria de sucessão, que os nossos civilistas copiaram servilmente do modelo francês.

Assentando exclusivamente no reconhecimento das necessidades públicas, o *Integralismo Lusitano* insere a ressurreição dos Vínculos no seu plano de restauração nacional. É até essa a parte que mais se lhe impugna na sua acção doutrinária. O *Integralismo Lusitano* limita-se todavia a incorporar numa obra de conjunto os trabalhos anteriores de Oliveira Martins, de Elvino de Brito e do Dr. Moreira Júnior. O localismo interessa-nos como condição basilar do revigoramento das pequenas autonomias municipais. As pequenas autonomias municipais não se verão, porém, robustecidas, sem que as famílias, de que são compostas, se sintam presas à terra por todas as raízes da sua personalidade. O sistema vincular surge-nos, pois, como o único meio de lhes assegurar a estabilidade, já renovando a enfiteuse a favor das classes não possuidoras, já dando às abastanças consolidadas uma outra consistência, que, sem a imobilização de uma sua quota-parte, nunca poderão atingir.

O exemplo que a natureza fortemente localista da vida

---

[43] Émile Verhaeren. Saint-Amande, 21 de Maio de 1855 – Ruão, 27 de Novembro de 1916. Poeta belga de expressão francesa.

pública na Inglaterra nos oferece, a esse respeito, constitui para nós um poderoso motivo para prosseguirmos com tenacidade na nossa campanha a favor dos Vínculos.

A Itália e a Áustria recolhem os mesmos benefícios do sistema fidei-comissório que as suas leis estabelecem em relação à transmissão da propriedade. Receia-se em Portugal, por amor da Igualdade, que os Vínculos tragam a regressão a tempos de imaginária e novelesca dureza. O Vínculo, para a quase unanimidade das opiniões, é sempre um monopólio detestável. Puro engano! Quando outra coisa não seja, é seguramente uma reserva económica, que garante dos reveses da sorte um dos ramos da família. Inicialmente, não se imobilizava mais do que a terça dos bens, que era dantes o quinhão livre para quem tivesse herdeiros obrigatórios. Hoje, pelas disposições legislativas da República, vai-se mais longe, - vai-se até metade da fortuna, com a diferença de que essa faculdade legal se volta, na maioria dos casos, contra os interesses familiares, enquanto no Vínculo, como instituição de previdência, só a família tinha que aproveitar.

Eu sei que é um problema complexíssimo este da vinculação. Não se trata de despertar um organismo morto, já sem condições de viabilidade na época presente. Trata-se de o adaptar e reformar em harmonia com as exigências da actualidade. O *Integralismo Lusitano* põe no estudo de um assunto tão delicado o melhor da sua atenção. A prova temo-la na admirável "Memória" lida à *Associação dos Advogados* pelo nosso ilustre camarada Dr. Adriano Xavier Cordeiro. Aí se encara a questão com superiores qualidades de observação e de competência. Jurista pela linha predominante do seu espírito, a inteligência de Adriano Xavier Cordeiro documenta-se notavelmente por brilhantes aptidões literárias e por uma sadia cultura histórica.

Quero eu analisar e resumir as partes fundamentais do trabalho de Adriano Xavier Cordeiro, - trabalho que honra a mentalidade portuguesa pela insurreição que ele representa no campo do Direito contra os falsos dogmas do 89. A "Memória" de Xavier Cordeiro marca um acontecimento na renovação tradicionalista do nosso país. "A hora das grandes almas é aquela em que tudo parece perdido", - diz algures o almirante Mahan. Adriano Xavier Cordeiro é uma dessas grandes almas que, no momento cerrado da dúvida, sabem crer – e crer intemeratamente, como ninguém. Se todos lhe seguissem o exemplo, Portugal não teria conhecido as vergonhas sem nome de uma expiação colectiva que está bem longe ainda de lhe ser redentora!

*

Destaca-se o trabalho de Xavier Cordeiro pelo seu rigoroso método histórico, que em ciências sociais e políticas é o único método experimental possível. Estuda nele Adriano Xavier Cordeiro a génese e o desenvolvimento das instituições vinculares, debatendo as várias teorias que as pretendem filiar, segundo uns – e Oliveira Martins com preferência -, nos chamados *bens de avoenga*, ou no direito feudal, conforme a opinião do ilustre historiador Gama Barros.

Não cabe aqui o exame da questão, que mais interessa aos eruditos do que propriamente àqueles que procuram fundamentar somente as razões imediatas das suas convicções contra-revolucionárias. O que importa em primeiro lugar é salientar o carácter actual e todo prático que preside em nós à ideia da restauração dos Vínculos.

Desde já se declara que, a tornarem-se exequíveis um dia, ninguém pensa em lhes atribuir natureza obrigatória. Não passarão nunca de uma faculdade reconhecida por lei, excepto nos poucos casos em que a constituição de morgado andar inerente ao recebimento de qualquer mercê nobiliárquica. A parte melindrosa do problema não consiste, pois, em ressuscitar a instituição. A dificuldade consiste em a ajeitar às exigências económicas do momento presente. Adriano Xavier Cordeiro vai ao encontro da dificuldade e trespassa-a com a clara limpidez da sua visão jurídica. Para a inteligência de Xavier Cordeiro, conformada no convívio dos textos legais, mas esclarecida – já o assinalei -, por um notável espírito histórico, o Direito não é uma concepção abstracta, pairando nos domínios transcendentes do conceito puro. Ao contrário dos algebrismos hirtos e dogmáticos, em que a mentalidade do jurisconsulto se esteriliza por via de regra, para Adriano Xavier Cordeiro o Direito é sempre a expressão viva, como que o elemento dinâmico, das relações sociais. Não se apresenta como um princípio intelectual, em que a sociedade se racionaliza por fórmulas espectralizadas, sem a maleabilidade necessária para acompanhar e definir os vários fenómenos em que ela se movimenta e manifesta. Significa antes uma força de coordenação, de índole eminentemente positiva, que equilibra a sociedade, sem nunca a deter ou aprisionar.

Porque assim o entende e julga, Xavier Cordeiro não se submete à soberania metafísica do Direito saído da Revolução. O seu tradicionalismo político liberta-o da "superstição do Direito existente", e condu-lo a uma compreensão orgânica, e nunca idealista, da sociedade. Deste modo, Xavier Cordeiro reconhece que as instituições não se *decretam*, nem se *substituem*. Mas adaptam-se e reformam-se. A base de toda a legislação liberalista e revolucionária é o indivíduo. Porque os Vínculos, em relação ao indivíduo, no seu ponto de vista pessoal, não têm outra significação do que a de uma sobrevivência iníqua do passado, os Vínculos são abolidos e desacreditados ainda por cima! Xavier Cordeiro, em nome de um realismo social contra um subjectivismo jurídico, empreende a reabilitação do sistema vincular e quem o leu, ou o ouviu, dirá por mim a galhardia e a convicção corajosa com que o levou a efeito!

Mas eu falava do conflito que parece existir, para as reflexões pouco habituadas a juízos profundos, entre as exigências inflexíveis da nossa época e a atmosfera confinada de museu com que ser pretende revestir o nosso propósito de ressurgimento dos Vínculos. Por irónico que seja o aspecto que a objecção assume, não ocultamos que ela é ainda assim a pior de resolver. E é a pior de resolver, porque repelindo liminarmente os apriorismos inertes dos programas políticos, o *Integralismo Lusitano*, se enuncia aspirações e constata realidades, não dispensa, por isso mesmo, o factor – *experiência*, que só a acção governativa lhe poderá conferir. No entanto, com os dados concretos que noutros países lhe fornece a aplicação contemporânea de regimes similares, Xavier Cordeiro reduz a termos precisos a solução do problema. Numa síntese rápida estabelece as condições e os limites da vinculação naquela prudente relatividade em que se deve actualizar entre nós.

Mas nem só da vinculação propriamente dita Xavier Cordeiro se ocupou com a sua proficiência já consagrada. Ocupou-se igualmente das formas vinculares intermédias como são os *emprazamento* e o *casal de família*. Não varia para eles a interpretação do problema. Xavier Cordeiro resolve-o com uma alta penetração crítica, inutilizando, embora com bastante piedade, a bagagem sentimental de que se costumam

Socorrer os fracos contraditores da nossa defesa dos Vínculos.

Vem a propósito notar aqui que nós somos francamente contra a *liberdade de testar*. Sabemos que a *Action Française* a conserva como a maneira mais eficaz e mais directa de se refazerem os velhos patrimónios familiares. Em França será talvez assim. Quanto a Portugal, é preciso não esquecermos que a *liberdade de testar* não se acha incluída na nossa herança consuetudinária. O comunitarismo social do nosso povo exclui por completo essa característica individualista, só própria dos povos anglo-germânicos. Introduzida entre nós, além de ser um exotismo a mais, depressa se volveria num motivo, não de recomposição, mas de absoluta ruína para os lares.

A cada instituição corresponde naturalmente o seu espírito, - a sua moral. A *liberdade de testar* é-nos estrangeira por origem e por temperamento. Dada a condição afectiva e sugestionável da nossa psicologia, já se vê a que funestas consequências a *liberdade de testar* não nos arrastava. Não contemos apenas com as virtudes sociais da Grei! É imperioso, para que subsistam e se desenvolvam, instruir-nos com o exacto conhecimento dos nossos defeitos.

De resto, que mais acrescentar sobre a esplêndida "Memória" de Xavier Cordeiro? Por pequena que seja a acção integralista, Xavier Cordeiro dá no seu trabalho, a ideia justa do muito que amamos o nosso país e como, nesta hora de carnaval trágico, a flama da esperança nem um só instante deixou de arder no nosso coração. Ninguém é obrigado a vencer. Se com tanta fé e com tanto fervor nós não vencermos, ai dos outros, que não terão vencido também!

Mas mesmo no mais inconcebível dos desenlaces, mesmo numa subversão total do que é hoje para nós a existência querida da Pátria, nem mesmo assim o nosso esforço ficaria perdido! Nós seremos a promessa de um futuro irredentismo e um dia há-de chegar em que não se distinguirá mais entre as razões do nosso tradicionalismo e as razões da nacionalidade no seu direito a viver. Para esse dia caminhamos. E para que em tudo nos pertença a glória de o havermos preparado, guardemos connosco a exortação final de Adriano Xavier Cordeiro: - "A Terra de Portugal é o sagrado património de avoenga da Família Portuguesa: - conservemo-lo, inalienável, intangível e eterno se quisermos que eterna seja também a nossa Pátria".

ELOGIO DE EL-REI D. CARLOS

Nas páginas de "Durante a fogueira", António Sardinha analisa a personalidade de El-Rei D. Carlos I, o penúltimo monarca português, tragicamente assassinado à sua chegada a Lisboa, quando se dirigia em carruagem aberta para o Palácio das Necessidades, no fatídico dia 1 de Fevereiro de 1908.
Quando o regicídio ocorreu, Sardinha tinha 20 anos.

Não falarei de El-rei D. Carlos na sua obra artística e científica. É dever do meu espírito, neste momento, olhá-lo antes debaixo do aspecto porque foi incriminado, vindo por ele a sofrer paixão e morte. Refiro-me à sua política, tão mal compreendida hoje mesmo, mas que, realçada a distância pela transformação das inteligências e dos tempos, o fará para a admiração do futuro o maior de todos numa época sem finalidade nem aspirações, em que só a figura se destaca envolta num halo ensanguentado de martírio.

Tinha por si El-rei D. Carlos a natural aptidão dos Braganças para a arte de bem governar. Tornada por penas sectárias em arma de partido, a nossa história não passou nunca dum panfleto sem consciência nem consistência contra a dinastia reinante. Não estranhemos por isso que logo o seu próprio fundador seja considerado através da calúnia com que os manifestos filipinos, espalhados pela Europa a peso de oiro, lhe pretenderam entravar e diminuir o seu tacto habilíssimo no reconhecimento árduo da nossa libertação. No entanto, apesar das tintas tão injustas como mentirosas com que é uso e costume falsear-lhe o carácter, El-rei D. João IV reuniu na sua personalidade vigorosa fortes e notabilíssimos recursos de chefe de Estado.

Nada melhor o retrata do que uma passagem do seu testamento. *"Me resolvi a restituir-me* – diz ele – *a esta coroa sem nenhum respeito particular à minha pessoa, senão por livrar os reinos que me pertencem das misérias que lhes vi padecer em estranha sujeição e por entender era obrigado a isso em minha consciência, sujeitando-me por esta causa a vida e trabalhos, pudera ser diferentes de minha inclinação".* Nessa disposição resoluta e persistente, ao falecer, D. João IV deixava consolidados os alicerces da independência de Portugal. "Restaurar o reino em todo o sentido, restabelecer as finanças" – escreve Joaquim de Vasconcelos -, "criar os complicados elementos da defesa, conquistar quase todas as possessões de África e de todo o Brasil, criar a *Junta Geral de Comércio,* negociar alianças valiosas, tudo isto em dezasseis anos... parece-nos uma obra digna de admiração e do nosso respeito, ainda que não fossem conhecidas as circunstâncias dificílimas em que estes trabalhos foram executados.

O traço tónico de El-rei D. João IV, como monarca, consistiu na sua rara capacidade diplomática. O Sr. Edgar Prestage reputa a nossa Restauração mais como um fruto de boa política externa do que como o resultado devido exclusivamente à sorte das armas portuguesas. De nada mais se precisa para a reabilitação das qualidades superiores de D. João IV.

Se o célebre *"Papel"* lançado na caixa das Cortes Gerais sob a rubrica de *"Procurador-Geral dos Descaminhos do Reino"* o revela senhor de vistas completas sobre a administração do Estado, a sua entrevista memoranda com o Cavalheiro de Jant constitui ainda agora para Portugal um plano seguro de engrandecimento. Aí se contém o esboço do Atlântico "lago português", que só a nossa aliança com o Brasil permitirá aproximar da realidade, tornando possível a visão grandiosa do "Feliz Restaurador".

Artista e erudito, político e lavrador, D. João IV voltou a viver na psicologia magnificamente dotada de El-rei D. Carlos. Na nossa pequenez, a braços com uma crise orgânica quase tão dominadora como a do século XVII, El-rei D. Carlos apresenta-se-nos, como o seu longínquo avô, o verdadeiro *"Procurador dos descaminhos do Reino"*. Preparando-se para a sua visita ao Rio, quando uma bala traiçoeira o prostrou faz exactamente dez anos, era a conclusão da conversa iniciada dois séculos antes por D. João IV com o enviado da corte de França que o monarca assassinado se dispunha a rematar. Um apertado laço os prende muito de perto, o descendente ao antepassado, - um músico, o outro pintor, embebendo-se ambos no ritmo doce das coisas belas, com o mesmo amor provinciano, quase chão, à terra que os vira nascer, ao sol amorável que os beijara em meninos.

Mas é então precisamente na situação exterior criada pelo Senhor D. Carlos a Portugal que o Bragança se afirma nas suas excepcionais qualidades de governante. A herança política de D. João IV mantivera-se sempre com brio, e só quem ignorar a nossa história diplomática é que pode colaborar de boa-fé na difamação sistemática de que é vitima a última série dos nossos Reis. Depois do *Restaurador*, para o exemplificar, em três tocarei, e dos mais desacreditados.

Não correspondendo de modo nenhum ao nível elevado do seu progenitor, até D. Pedro II continua e honra a tradição brilhantíssima de D. João IV. Num período em que dependíamos do apoio que a França de Luís XIV nos dava na Europa contra as pretensões da Casa de Áustria, o orgulho do *Rei Sol*, mais duma vez, se amarrotou de encontro ao nosso monarca. Assim, desembaraçando-se das peias e das tutelas que Versalhes se esforçava por lhe impor, D. Pedro II consuma a paz com a Espanha, sem pedir conselho a Luís XIV. Chocado, o rei de França salva o desastre com um dito de espírito, que é para D. Pedro II o seu maior elogio.*"Porém como ele (Luís XIV) é que tem ensinado ao mundo estas lições, sendo crédito do mestre deixar bons discípulos, não lhe fica mal que este lhe saísse tão avantajado".*

Idêntico juízo formaria Luís XV de El-rei D. João V, ao informar o seu representante em Lisboa de que não existia pessoa alguma com influência no espírito do monarca, acrescentando logo que o ministro não devia perder de vista que D. João V tinha sido *"constante em elevar a sua coroa à categoria das principais da Europa, e que por isso que ele tem sido bem-sucedido nesta pretensão, convém estar atento".* E quanto a D. João VI, é nas comunicações do cônsul Maler para Paris que o soberano se nos desvenda em todo o seu esforçado empenho para responder com uma tentativa de imperialismo americano às condições de miserável abandono a que nos votara a diplomacia europeia de Viena.

"Monsenhor - observa do Rio o francês -, esta Corte, mau grado a penúria das suas finanças, a fraqueza do seu governo, e o estado da sua população, nutre ideias ambiciosas, imaginou que chegara para ela o momento favorável e o título de Reino Unido, havendo exaltado algumas cabeças, acredita poder impunemente, não sacudir a máscara, mas levantar o véu."

Com este património de família e com a permanência de pensamento que é a virtude da hereditariedade monárquica, El-rei D. Carlos não serviu durante a sua existência outro desígnio que não fosse o de valorizar a posição do seu minúsculo país no concerto das grandes potências da Europa. Eu não sei, se o regicídio nos não empurrasse para a fraqueza anárquica em que nos debatemos, qual seria hoje, perante o drama da guerra, o destino reservado a El-rei D. Carlos. O que sei – e é o que me importa acentuar – é que o desditoso monarca compreendeu bem cedo, ao acordar para as suas responsabilidades de soberano, que não pode haver política exterior decisiva e de alcance largo sem uma profunda unidade de acção dentro das esferas supremas do Estado. Rei constitucional dum país que o Constitucionalismo pervertera, D. Carlos achou-se, numa hora máxima para a sua consciência, colocado entre as pontas duríssimas de um duríssimo dilema: - ou deter a sua obrigação de monarca e de patriota, ou então romper os liames legalistas que o prendiam pela fórmula oficial dum juramento ao texto morto duma Constituição muito mais morta ainda.

É aí que se nos descobre com extraordinário desassombro a envergadura extraordinária do monarca. Porque quis ser Rei de Portugal, e não dos Portugueses, porque ao seu título fruste de rei-funcionário procurou sobrepor, em nome de oito séculos de História e dos interesses sagrados da Pátria, a dignidade esquecida do princípio monárquico, é que o espingardearam, ao dobrar duma esquina, como numa espera de lobos. Até parece que no instante único em que a realeza bastarda do Constitucionalismo se legitimava perante o curso vagaroso da tradição, D. Carlos, purificador da sua dinastia, expiava consigo, no borbulhão quente do seu sangue de mártir, a espoliação, já meio esquecida, de Évora-Monte!

Foi El-rei D. Carlos, sobretudo, um *antecipado*. Como *antecipado*, teria de naufragar, se não se recusasse a capitular num país em que o liberalismo germinara com força e em que a desorientação colectiva nos empurrava para a República por uma espécie de cegueira fatal. Antes que a carabina regicida lhe alvejasse o coração, já os políticos o haviam condenado ao insucesso e à retirada, enredando-o nas malhas miúdas do pacto constitucional. Erguido contra eles, erguido contra a democracia triunfante, que pontos de apoio encontrava o monarca à sua volta? Nenhuns. Fora do caciquismo arregimentado em elemento basilar do Estado, fora das clientelas impostas ao corpo inerme do País, nada existia de sólido e de orgânico a que porventura se encostasse, na iniciativa de Rei que se resolve a ser Rei.

Os males que de longe vinham – na sua palavra melancólica e profunda – imperavam mais do que; e era talvez necessário, para lavar a nódoa do pecado original, que o seu corpo baqueasse em holocausto, para que as gerações vindoiras tornassem de novo, em Portugal, a confessar à luz do Sol o prestígio da Realeza.

É bem o nosso precursor El-rei D. Carlos! E, ao destrinçarlhe agora as linhas predominantes da sua fisionomia de soberano, eu não olvido que esse monarca, insultado, cuspido e por fim assassinado, teve a noção perfeita – e por ela se encaminhou – do que seria amanhã a função coordenadora da Realeza. E o que ninguém supõe é de quem o Senhor D. Carlos, em política, recebera as impulsões definitivas.

Nada mais, nada menos do que Antero de Quental. Eis um tema interessante da nossa vida pública, conservado ainda na sombra, mas que constitui um precioso capítulo de filosofia política. Não que El-rei D. Carlos ouvisse conselho directo de Antero. Mas Antero, amigo de Oliveira Martins, foi quem, resolveu este a aceitar o facto dinástico e a colaborar com a Monarquia no ressurgimento do País. Antero, na sua vagabundagem revolucionária, aceitara a influência de Proudhon. Nunca se inclinara às fórmulas simplistas do jacobinismo francês. Houve sempre no seu espírito uma nobre ansiedade construtiva. Mais tarde, o socialismo de Lassale[44] orientou-lhe a inteligência no sentido aproximado ao da noção do Estado histórico, para o que contribuíram não pouco a leitura e a meditação de Hegel, o apologista do Estado prussiano. Nestas circunstâncias, Antero veio a interferir com o peso do seu prestígio mental na transformação de Oliveira Martins.

Também discípulo de Lassale, Oliveira Martins apreendera em Mommsen[45], na *História de Roma*, o ideal do cesarismo perfeito. A lição do *Ultimatum* abrira os olhos ao nosso romantismo parlamentar. Reconheceu-se logo a necessidade de emendar o defeito ingénito do regime pela intervenção pessoal do Chefe do Estado. Até políticos que, na confusão das ideias, se rotulavam ingenuamente de radicais apelavam para a acção enérgica do Chefe do Estado. Conhece-se o fecho de um discurso de Augusto Fuschini em S. Bento.

"Dada a indisciplina absoluta, moral e política, que lavra

---

[44] Ferdinand Lassalle, Breslau, 11 de Abril de 1825 – Genebra, 31 de Agosto de 1864, precursor da social-democracia.

[45] Theodor Mommsen, Garding, 30 de Novembro de 1817 – Charlottenburg, 1 de Novembro de 1903, especialista em história da Antiguidade Latina. Nobel de Literatura de 1902.

profunda nas classes dirigentes – clamava Fuschini – *demonstrada a impotência e a desorganização completa que esfacela os partidos; provada a ausência de homens de prestígio e autoridade entre as multidões, que labutam inconscientes à beira do precipício, ou se riem com aqueles que ridicularizam os imortais princípios, um homem há, neste terrível momento histórico, que pode ter força, e com a força a responsabilidade para salvar a ordem pública e as instituições. Ora, esse homem* – prosseguiu Fuschini – *não é o Sr. Luciano de Castro, nem o Sr. António de Serpa., nem o Sr. Manuel de Arriaga, nem algum de nós. O homem que pode salvar ainda hoje as instituições, mantendo a ordem pela legalidade e pelas mais amplas liberdades públicas e individuais, é o Rei."* E, no seu livro *Liquidações Políticas*, Fuschini mostra-nos a psicologia de El-rei D. Carlos contando-nos miudamente uma entrevista sua com o monarca. Moço, flutuando entre as solicitações do seu cargo e as exigências do partidarismo, o Rei traduz-se ali num altíssimo desejo de bem servir e de bem governar. A esse estado de incerteza e de imprecisão, tanto do monarca como de algumas raras individualidades do País, daria forma concreta Oliveira Martins.

No admirável trabalho que é o seu estudo *A Crise*, Silva Cordeiro fixaria mais tarde à questão o seu verdadeiro significado, ao ocupar-se dela no capítulo que intitulou *Oliveira Martins e o germanismo na política*. O tipo procurado para o remoçamento da Monarquia na Pátria e da Pátria na Monarquia era uma espécie de *realeza socialista* ou de *democracia conservadora* nas terminologias perplexas da época -, de que o Estado prussiano oferecia a exemplificação acabada.

Os princípios basilares em que se apoiaria a nova ordem de coisas reduziam-se, à alemã, no *militarismo* e nas *reformas económicas,* com o elemento *político* substituído pelo elemento *administrativo*, com a representação orgânica dos *municípios* e das *classes* substituindo a representação parlamentar dos *partidos.*

Concepção de Oliveira Martins, que quase trinta anos antes adivinhava o nosso movimento, ninguém duvida do influxo que recebeu de Antero. A carta de Antero a Sebastião de Arruda da Costa

Botelho, datada de Vila do Conde em 1 de Agosto de 1885, convence-nos bem das suas responsabilidades na adesão de Oliveira Martins ao *Progressismo*. Por seu lado, Adolfo Coelho assim no-lo testemunha, ao notular de passagem no *Alexandre Herculano e o Ensino Público* que Oliveira Martins "acabou por cair nos braços do partido progressista, com sanção de Antero".

De resto, o próprio Antero se encarrega de o confirmar em outra carta sua, - esta dirigida a João Machado de Faria e Maia aos 31 de Maio de 1886. *"Os bons astrólogos políticos – comunica ele – dizem que o ministério, tal como está, não pode durar muito, pois se acha dividido em dois campos rivais, e prevêem crise para depois do casamento do Príncipe. O campo de batalha é o novo ministério, destinado a O. Martins e o programa financeiro e económico do nosso grupo".*

A prova é mais que bastante. Ascendido depois do *Ultimatum* a ministro da Coroa, Oliveira Martins, que levava já na sua bagagem o *Projecto de lei de Fomento Rural,* deu às aspirações inconscientes do reinado em começo a sua fórmula definida. Falhou diante das habilidades sem nobreza de José Dias Ferreira. Mas, no ânimo do Rei, a sua lição não ficou perdida. Portador de planos económicos e sociais a que Antero chamava o programa "do nosso grupo", por inspiração de Proudhon e de Lassale, nós verificamos enfim como Oliveira Martins chegava à definição da sua "democracia conservadora", firmada no poder pessoal do soberano. Assim Antero de Quental accionara na inteligência aberta de El-Rei D. Carlos. Os tempos passaram, Antero e Oliveira Martins desceram para o repouso do túmulo – o primeiro desiludido, vencido o segundo. Sobrevivia-lhes o Rei. E, quando na sua reflexão se decidiu a ser deveras o continuador duma pátria que se desfazia aos bocados num cenário de comédia burlesca, o caminho apontado pelos dois mortos foi o que resolutamente escolheu. Antecipando como eles, como eles seria vítima da sua antecipação. Surgiu a tragédia depois. Sobre um crime sem perdão, a República, que é outro crime, ganhou raízes criminosas. Mas a figura do monarca espingardeado, crescendo acusadora, é cada vez maior, é cada vez mais bela de majestade e de intenção. Um Rei como esse é que tinha nascido para nós! Sejamos os executores do seu testamento, participando, para nos depurarmos, do sacrifício que em expiação nos haja de caber, e reatando à história de Portugal, para além destes parêntesis de infâmia, a sua sequência interrompida, faz hoje exactamente dez anos, numa emboscada traiçoeira.

A CARTA CONSTITUCIONAL

A Carta Constitucional significa para António Sardinha o princípio do descalabro gerado pelo liberalismo, contra tudo o que em Portugal significava a herança tradicionalista. Ele denuncia sobretudo a ruína financeira a que o constitucionalismo nos arrastou, simultaneamente com a destruição dos alicerces católicos e monárquicos, consequência da acção de descontentes e ambiciosos que o implantaram em Portugal.

Escreve Sardinha:

Se ainda fosse viva a *Carta Constitucional*, faria ontem, 29 de Abril, noventa e um anos de idade. Regicida uma vez e não sei quantas vezes regnicida, Oliveira Martins teve uma expressão admirável quando a comparou à boceta nefasta de Pandora. De facto, a *Carta Constitucional* consagra na sua política de abstracções o princípio de desnacionalização metódica que trouxe Portugal à república, e, com a república, às proximidades quase inevitáveis da morte.

Sumiram-se já há muito as luminárias do estilo, emudeceu a retórica de Acácio na vacuidade pomposa das comemorações de grande gala. Frente a frente com as consequências do sofisma que só nos enxovalhou e diminuiu, nós não podemos calar a nossa acusação numa hora em que, se não quisermos participar da loucura comum, precisamos antes de tudo confessar e reconhecer os males profundos que o passado nos legou.

Num país de arreigada estrutura municipalista, a vitória da *Carta* foi a vitória dessa tirania burocrática a que Augusto Comte chamava "ministerialismo", e cujo carácter fundamental é, segundo o filósofo, a centralização do poder elevada ao extremo, com a corrupção sistematizada por meio geral de acção. O que o Constitucionalismo significa para nós debaixo de semelhante ponto de vista, não só como incapacidade organizadora, mas sobretudo como ruína financeira, há um livro precioso que preciosamente no-lo demonstra. Refiro-ma ao trabalho de Pereira Lobo, *As Confissões de Ministros de Portugal (1832-1871)*, que sobre documentos oficiais, com passagens de relatórios e algarismos de orçamentos, resume, sem intenção de combate nem espírito de partido, a obra económica e administrativa com que os aventureiros do Mindelo nos brindaram um dia, depois de conluiados com todos os mitos cosmopolitas da funesta miragem da Liberdade.

Não nos esqueçamos de que a *Carta* veio ao mundo, filha de estrangeiros, com estrangeiros ditando-a ao ouvido do pobre imperador D. Pedro, - ninguém, como ele, vítima do figurino romântico de emancipador de povos, que, à maneira de Bolívar, a si mesmo se quisera vestir esse príncipe estouvado!

Como um flagelo dos deuses, do Brasil nos chegou o papel anarquizador, guardado na pasta de Lorde Stuart e com a letra de Francisco Alves firmando-lhe a redacção. É um improviso de pouco fôlego, decalcado miseravelmente sobre a Constituição francesa de 1791. A diferença está em que uma foi *aceite* e a outra *outorgada*. No fundo prevalece em ambas o mesmo erro social que a Revolução proclama e que ia ser, na quebra sensível da nossa velha disciplina católica e monárquica, a primeira porta aberta para a crise desgarradora em que hoje nos afundamos.

O internacionalismo maçónico contaminara-nos já desde atrás, com os soldados que seguiram a fortuna de Napoleão e que no regresso nos empurravam francamente para a União Ibérica, saudada e propagada nas Lojas Peninsulares como o triunfo maior da causa da Liberdade. Só numa história escrita ao contrário, como a nossa anda, é que Gomes Freire pode figurar de mártir da Pátria. O militar valente, mas desnacionalizado, da epopeia napoleónica não era o único, porém. Os seus irmãos do triângulo simbólico enraizaram-se farta e fortemente no solo português, mal o senhor Intendente deixou de farejar por toda a Lisboa do começo do século findo os agentes perniciosos da grande conspiração universal que foi, na verdade, a Revolução. Pois da Maçonaria descende o nosso liberalismo, como da Maçonaria surgiu esta república, já adivinhada e procurada com entusiasmo de sentimento e de oratória pelos homens de 1820.

Os homens de 1820 representavam a influência directa da Revolução, porque pertenciam ao *partido francês*, mais radical e mais puritano nos seus devaneios ideológicos. Traduzem assim uma modalidade maçónica, por vezes incompatível com os felizes que em 34 se apossaram do poder e nele se instalaram com fome vasta de sete anos. A *Carta* reflecte a orientação dos últimos, mais moderada, embora maçónica também, mas dum maçonismo à inglesa com Pamela por inspirador. Procuravam-se atenuar os exageros líricos dos regeneradores vintistas e, pactuando com o trono um momento, tornar deste modo mais viável o sonho revolucionário que tão intimamente perturbara a sensibilidade facilmente excitável da nossa gente.

A biografia da *Carta* define-se depressa na biografia de tantos e tantos que a serviram. Teve consigo, é certo, muitas das nossas glórias militares, que nos campos da Guerra da Península souberam cumprir com garbo e heroísmo o seu dever. No entanto, desde Cândido José Xavier, banido de Portugal e condenado à pena máxima como traidor à Pátria, até José António da Silva Torres, mais tarde visconde da Serra do Pilar, que se bandeou com os revoltosos da Terceira, porque, coronel dum regimento de Lisboa, se vira descoberto como ladrão dos dinheiros do corpo do seu comando, é-nos forçoso concordar que o movimento de que resultou a imposição decisiva da *Carta* não significa senão a conquista do país por um grupo de descontentes e de ambiciosos, sem outra mira que não fosse a satisfação regalada dos seus apetites vorazes.

Oliveira Martins no *Portugal Contemporâneo* instaurou e instruiu o seu processo. Sem isso, como interpretar o arrependimento de Garrett e o desalento de Herculano, que, na pureza das suas convicções mais poéticas que políticas, se encontravam, ao cabo de sacrifícios inúmeros, inteiramente ludibriados? O desaforo das clientelas, surgidas no cortejo da *Carta*, manifestou-se logo tão desenfreado e impudente que Luz Soriano! – não se conteve sem que bem cedo lançasse o seu grito de alarme num opúsculo que nunca é demais rememorar, - *Utopias Desmascaradas do Sistema Liberal em Portugal*.

Ali se vergastam os desperdícios e os esbanjamentos em que o novo regime se mostrou verdadeiramente excepcional, com a sua máquina de corrupção sistemática, montada com uma perícia e uma minúcia de não se acreditar, com efeito.

Tratava-se, no fim de contas, duma empresa de argentários sem escrúpulos, com o cavalheiro de Mendizabal por cabecilha. Só da extinção das Ordens Religiosas resvalaram para os cofres do Estado cerca de 300 milhões de cruzados. Qual o seu destino com o *deficit* crescendo sempre, crescendo assustadoramente? A esse respeito é típico o caso do Visconde de Oliveira, Marcelino Máximo de Azevedo e Melo. Azevedo e Melo fornecera as forragens ao exército liberal. Como não havia verba para lhe pagarem, satisfez-se-lhe a dívida com a entrega pura e simples do mosteiro de Oliveira e dos seus consideráveis bens patrimoniais. Ainda na emigração, os fundos portugueses já eram negociados ao par e mesmo acima do par pela promessa categórica da reversão para o tesouro das riquezas pertencentes aos nossos institutos monásticos. Eis aqui uma página negra de que jamais o Constitucionalismo se poderá desembaraçar.

De resto, em tudo e por tudo, a *Carta* revelou-se para Portugal como a autêntica boceta de Pandora. Delineada em apriorismos geométricos, ela acabou de romper com a nossa tradição, já pervertida e abastardada pela centralização absolutista do século XVIII. A tradição dum povo é a continuidade da sua existência no tempo. Os reformadores cartistas ignoravam-no, como ignoravam que uma Constituição se não redige nem se decreta, porque deriva gradualmente da natureza histórica da sociedade que se tem em vista. A nada atendeu o desvario sentimental daquela época! Destruíram-se e revolveram-se os alicerces centenários de Portugal num furor que só obedecia "ao compasso e à esquadria da abstracção maçónica", na frase de Oliveira Martins. Os resultados colheram-se no completo eclipse da consciência nacional, na poeira solta e sem consistência a que se reduziram as instituições características do génio da raça.

Hoje a *Carta* está morta e mais que morta. Mas não está infelizmente morto o espírito que ela criou. A obra do nosso tradicionalismo destina-se na sua acção imediata a debelar essa erva daninha. Enquanto a não houvermos debelado, a monarquia não será possível em Portugal. Será possível em Portugal um Rei-funcionário, que a cada instante se veja prisioneiro dos políticos de profissão, ladrando-lhe de lado, à sua iniciativa de soberano, com as ameaças restritivas do pacto constitucional. Se trabalhássemos para restaurar uma situação assim, trabalhávamos para restaurar um partido, nunca a Monarquia. Por isso é que a restauração da Monarquia em Portugal só será restauração quando seja uma restauração de Portugal pela Monarquia. O caminho é apenas um e não é positivamente o que o Constitucionalismo nos oferece. Esse levou-nos à República e levar-nos-ia lá pela segunda vez, se tivéssemos a ingenuidade de optar por ele. Como connosco, que somos novos, é que a vida e a esperança se querem, sosseguem os manes de Acácio que só voltarão a este mundo no Dia de Juízo com a ressurreição da carne e para prestarem a Deus estreitas contas do imenso mal que por cá fizeram!

ANTÓNIO SARDINHA VISTO POR

RODRIGUES CAVALHEIRO

Têm sabor biográfico as palavras que o escritor Rodrigues Cavalheiro dedicou a António Sardinha, de quem foi amigo desde que se conheceram.

"Na história da literatura e das ideias em Portugal não há, certamente, neste século, (XX) exemplo de um Escritor ter exercido sobre a sua geração a influência política e intelectual que se ficou a dever à obra de doutrinação nacionalista de António Sardinha. E, ao contrário do que quase sempre acontece em casos semelhantes, essa influência talvez mais vasta do que profunda, manifestou-se especialmente logo após a morte do grande apóstolo do nosso tradicionalismo. Assim, se nos últimos tempos da sua ardente evangelização, António Sardinha se queixava, por vezes, de uma certa "conspiração de silêncio" com que se tentava asfixiar a sua acção, a verdade é que, imediatamente a seguir ao seu prematuro falecimento, a sua memória e os seus livros de forma alguma sofreram, como é vulgar registar-se nos anais literários, aquele, por vezes bem longo, período de purgatório a que não têm escapado os mais ilustres e festejados talentos.

    Enquanto viveu, numa permanente e fragorosa batalha de ideias, a desbaratar caducos ídolos da Política e manipanços obsoletos da Cultura, denunciando constantemente o primarismo inveterado dos falsos intelectuais e anacrónicos estadistas do nosso liberalismo monárquico e republicano, as suas teorias aliciantes, as suas exortações admiráveis e o sentido divinatório de muitas das suas melhores páginas só foram plenamente apreciados e compreendidos por um reduzido número de amigos e de discípulos, verdadeiro escol inteiramente divorciado das concepções correntes na época, recrutado em grande parte entre a gente moça das Escolas, sua constante e absorvente preocupação. Como, porém, depois da sua morte, os acontecimentos, precipitando-se, deram inteira razão aos pontos de vista, expostos durante dez anos de propaganda entusiástica, do ensaísta inigualável de *Ao Princípio Era o Verbo* e do lucidíssimo historiador de *A Aliança Peninsular*, breve se começou a prestar justiça inteira e sem reservas ao político clarividente, ao patriota insigne, ao homem de letras de incomparável relevo. E os que, desde a primeira hora em que elas surgiram, expressas naquela prosa incandescente e luminosa das colunas de *A Monarquia* e das páginas da *Nação Portuguesa*, abraçaram espontaneamente as opiniões vingadoras de António Sardinha, passaram a observar como, de dia para dia, se adensava a multidão dos seus admiradores e como muitos até dos que o haviam combatido ou ignorado sentiam já a necessidade de, sincera ou hipocritamente, exteriorizar um *mea culpa* de arrependimento...

A publicação triunfal, em volumes sucessivos, dos seus artigos e ensaios dispersos, a multiplicação de estudos relativos à sua obra de prosador e de poeta e de homenagens votadas à sua memória, a inauguração, na vilazinha alentejana de Monforte, berço de tão notável português e à sombra de cujas muralhas o seu corpo descansa cristãmente, de um busto que perpetua o orgulho dos seus conterrâneos, até o letreiro toponímico na esquina de uma praça lisboeta, demonstraram ser a glória de António Sardinha uma realidade por todos reconhecida como indiscutível. Importa agora, porém, que essa glória se não apague e que a influência dos seus preceitos não amorteça.

*

Conheci pessoalmente António Sardinha no Verão de 1921, semanas depois do seu regresso do exílio, para onde o atirara, dois anos e meio antes, a fracassada tentativa de restauração monárquica do Norte. Lembro-me perfeitamente: - foi na redacção do órgão integralista, num terceiro andar modesto, a dois passos do Chiado. Um amigo comum, já falecido também – o desditoso e tão dedicado Vasco Falcão -, fizera as apresentações e, ao lançar o meu nome, logo António Sardinha me felicitou generosamente por um artigo – o meu primeiro escrito sobre política! – publicado no jornal bastantes meses atrás, porque a sua memória sempre desperta foi um dos mais eficazes auxiliares na obra permanente de captação individual e de exaltação nacionalista que absorveu a maior parte da sua curta existência.

Ficámos, desde essa hora, amigos. Além da estreita solidariedade de ideias, prendeu-nos para sempre o mesmo gosto acentuado prelos trabalhos históricos, que eram para ele o apoio mais sólido das suas construções doutrinárias e para mim viriam a ser o refúgio encantado e acolhedor das horas de desilusão ou de amargura... Mas o passado via-o António Sardinha através da sua sensibilidade delicadíssima de poeta. Foi esse, justamente, o segredo da irradiação vitoriosa do seu apostolado: - envolver as mais áridas questões de investigação e de crítica num clarão de sedutora beleza e, assim, atrair, ao mesmo tempo, a inteligência e o coração de uma geração inteira de jovens, por completo divorciada do pouco aliciador espectáculo político e mental que o regime lhe oferecia. Sequiosa de acção, mas desejosa igualmente de uma verdade teórica que respondesse positivamente às interrogações do seu espírito inquieto e vivíssimo, a mocidade de 1917 – camada admirável de rapazes, a quem se ficou a dever a redenção de Portugal vilipendiado e abatido! – encontrara na prosa ardente e sugestiva de António Sardinha as razões impulsionadoras do seu patriotismo alarmado para uma luta que se prolongaria por mais de dez anos. Como primeiro episódio dessa epopeia juvenil, que não achou ainda o seu verdadeiro cronista, a cavalgada heróica dos cadetes e alferes de Sidónio sairia em grande parte das páginas inflamadas e perturbadoras de *O Valor da Raça*.

Em 1921 vinha Sardinha da emigração disposto a limitar a sua actividade ao puro campo dos trabalhos intelectuais, cada vez mais convencido da necessidade de propagar previamente um pensamento orgânico em que se inserisse, mais tarde, uma salvadora instauração política. Os seus últimos anos de vida, pode bem dizer-se, foram pois, exclusivamente dedicados, após a falência do acordo dinástico conhecido por *Pacto de Paris*, à sementeira doutrinária e à difusão de ideias que ele reputava indispensáveis ao despertar de uma verdadeira consciência nacional. É a época em que começa a coligir em volumes os seus escritos dispersos. É a época da sua entusiástica campanha hispanista, então de projecção puramente espiritual. É a época em que, isolado em Elvas, na sua Quinta do Bispo, à sombra do monumental aqueduto que tão bem simboliza a bela e útil continuidade das gerações (e que linda página ele nos deixou a tal respeito!), afastando os olhos e, tanto quanto possível, o pensamento do espectáculo atrozmente vergonhoso em que o País se debatia ingloriamente, medita na sua *História de Portugal*, traça-lhe o plano deslumbrador, que eu tive, alguns anos mais tarde, a honra de publicar, mas que a morte não permitiu se transformasse na obra empolgante de que se esperava com razão o antídoto eficaz ao panfleto corrosivo de Oliveira Martins. É a época, finalmente, em que assume a direcção da revista *Nação Portuguesa* e nela publica alguns dos seus melhores, mais vibrantes e mais profundos ensaios, como essa autópsia da denominada *Religião da Beleza,* obra-prima de dissecação crítica, em que se instrui o processo da avariose individualista, desde o *Renascimento* quinhentista às manifestações manicomiais do *Modernismo* contemporâneo derradeira e venenosa flor do desvario humano que arrastou o Mundo às convulsões apocalípticas dos nossos dias.

Nesse espaço de tempo não deixou António Sardinha de acrescentar à sua obra poética mais alguns exemplos confirmativos de quanto a sua sensibilidade lírica estava na essência de toda a sua maneira de ser. Em *Quando as Nascentes Despertam...* reaparecia magnificamente a altura de inspiração do *Tronco Reverdecido* – o seu livro de estreia – e de *A Epopeia da Planície,* extraordinário volume de poemas que marcara data na literatura do seu tempo. De Espanha, por onde vagueara, através da paisagem áspera e severa da Meseta, semeada de Castelos, de Mosteiros e de Catedrais, trouxera-nos ele uma colecção preciosa de sonetos que agrupara sob dois títulos – *Na Corte da Saudade* e *Chuva da Tarde -,* o primeiro constituindo uma galeria de quadros nostálgicos de Toledo, o segundo uma série de castas confidências amorosas da mais pura delicadeza sentimental. E uma análise subtil poderia com facilidade verificar, através de muitas das composições métricas de António Sardinha, que bastantes vezes o historiador, o doutrinário e o crítico de ideias, que nele viviam, não desdenhavam cristalizar primeiro sob forma rítmica as suas teorias, os seus comentários ou os seus retratos.

*

Mergulhando bem fundo as raízes da sua inteligência e da sua sensibilidade na História da nossa terra e da nossa gente, não admira que António Sardinha, senhor das lições do Passado, pudesse, sem hesitações, profetizar-nos o Futuro. Por isso, contra toda a lógica aparente, numa época em que à nossa volta som se vias ruínas e misérias, inferioridade e decadência, o grande Mestre, confiado apenas no exemplo dos Antepassados e na lusitaníssima floração primaveril que a sua acção evangelizadora fazia desabrochar na juventude ardente que o cercava, pôde dar-nos sempre a certeza firme da Vitória – pôde assegurar-nos, teimosamente, a chegada próxima da Redenção nacional. E seis meses antes da sua morte inesperada, mais nítida, mais concreta se lhe tornara ainda a visão dessa hora magnífica, que ele já não lograria – ai de nós! – presenciar neste mundo.

www.ingramcontent.com/pod-product-compliance
Lightning Source LLC
Chambersburg PA
CBHW031357040426
42444CB00005B/332